IQ162の
MENSA会員が教える

FX

自動売買の
基礎と実践

1日5分で年利130％を
実現するためのトレード戦略

著 Trader Kaibe

Pan Rolling

JN021744

はじめに

1) 私のFX経歴書

　本書を手に取っていただき、ありがとうございます。まず、簡単に
自己紹介をさせてください。

　私は、Trader Kaibe と申します。ロビンスカップという世界的な
トレードコンテストの日本大会（2017年〜2018年開催）において、
自動売買だけの運用で、準優勝した経歴を持ちます。このロビンスカッ
プについては後述するとして、ここでは私のFX歴を振り返りたいと
思います。

◆ロビンスカップ準優勝で受賞したクリスタル

私は2006年末から、FXを始めました。最初は、多くの投資家の例に漏れず、ビギナーズラックによる好成績に恵まれました。そのころは、スワップトレードと呼ばれるトレード手法が全盛。高金利通貨と低金利通貨のペアを、高金利通貨買いの方向で保有し続けることで、スワップポイント（株式投資の配当、外貨預金の利息のようなインカムゲイン）を受け取るという戦略が人気だったのです。

　その当時、日本円とスイスフラン以外の通貨は金利が高く、2020年の原稿執筆時点（※）と比べると、例えばニュージーランドドルは約8％、豪ドルは約6％、米ドルや英ポンドは約5％、ユーロは3％という水準になっていました。そんな環境において、私は豪ドル円やドル円を買い持ちして、スワップポイントを受け取るというトレードを行い、それだけで利益を得ることができていました。

（※）2020年7月時点の政策金利
ニュージーランドドル：0.25％　豪ドル：0.25％
米ドル：0.25％　英ポンド：0.1％　ユーロ：0.00％

2）ビギナーズラックもつかの間、金融ショックに遭遇

　しかし、「スワップポイントの利益だけでは、物足りない」と次第に感じるようになりました。そこで、高金利通貨をただ買い持ちし続けるのではなく、含み益が出たときに決済して、差益も獲得してしまおうと考えました。スワップポイントと差益の両方で、利益を大きくしようという戦略です。

　私がスワップトレードに励んでいた2007年ごろは、ドル円が120

円以上の水準にありました。当時、アナリストたちは、「これから123円、124円へとどんどん上がっていく」と、声高に主張していたと記憶しています。その強気な発言の影響を受け、私は相場が上昇していく目線だけで値動きを見ていました（次ページ上段のチャート）。

私が行っていたトレード手法は単純で、「レートが下がれば買い、そのポジションがある程度利益を出すところまで上がったら決済」というルールでした。レートが下がった場合は、含み損が拡大するのですが、「何だかんだでレートは上がっていくだろう」と楽観視していました。実際、元に戻ることが何度もありました。

そんな計画性のない戦略が、破綻を迎えたのは宿命でしょう。2007年夏にサブプライム・ショックが起き、ドル円は120円台から急降下、同年11月には110円を割り込みました。私が行っていたスワップトレードは、想定していなかった暴落により、強制ロスカットに追い込まれたのです。

資金300万円で始めて、コツコツと積み上げた利益とその原資のほとんどを、あっという間に失うこととなりました。FXを始めてから、約1年後の出来事です。この大きな失敗が、私のトレード人生の始まりでした（次ページ下段のチャート）。

3）システムトレードを経て EA の世界へ

300万円を失った私は、クールダウンするために、FXから距離を置きました。とはいえ、投資自体を止めるつもりはなく、再起のために投資資金を貯めながら、「何か良い手法はないだろうか」と、情報収集と勉強を続けます。

転機が訪れたのは、強制ロスカットされてから1年後の2008年11

◆ドル円週足（2006年5月〜2007年6月）

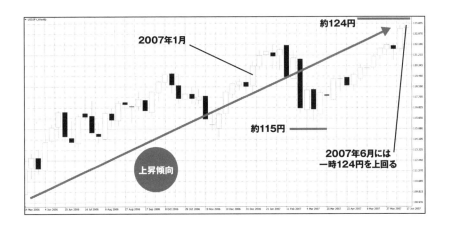

約124円

2007年1月

約115円

2007年6月には
一時124円を上回る

上昇傾向

◆ドル円週足（2007年3月〜2008年8月）

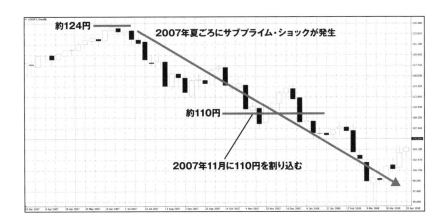

約124円

2007年夏ごろにサブプライム・ショックが発生

約110円

2007年11月に110円を割り込む

月のことでした。インターネット上で知ったシステムトレード（エントリーとイグジットに際して決まったルールがあり、これに従って売買を繰り返す手法）を証拠金5万円の少額トレードで1カ月試すと、好成績を残せたのです。そこで、12月から初期資金25万円でFXを再スタートしたところ、9カ月後には1600万円にまで増やすことができました。

ただし、システムトレードの好調はそう長く続かず、2009年後半には、全盛期ほどの利益が出せないようになってしまいます。ボラティリティが低下したことが、その原因でした。

それから再び、別の手法を探すことになりました。このときにMT4（MetaTrader4）のEA（Expert Advisor）という自動売買プログラムに出合います。インターネット上で配布されているオープンソースのEAを研究しながら、記述されている内容や、プログラミングのやり方を学習しました。プログラムの「プ」の字も知らない私でしたが、1日数十分ずつ継続して勉強したところ、半年ほどでEAのプログラムを組めるようになりました。

その過程で出会ったEAを運用してみると、2カ月半で168%増という利益を獲得できました。EA運用に手応えを感じることができたのです。2011年前半ごろの出来事でした。

4）EAから日経平均先物へ

ところが、「稼げるEAが見つかったのだから、そこからは安泰……」とはなりません。ここでもまた問題が生じました。EAでは確かに稼げたものの、稼ぎすぎたことによって、いくつかのFX会社から、注文拒否や約定拒否をされるようになったのです［取引所取引（A-book）ではなく店頭取引（B-book）だったため］。

そして最終的には、その EA を使い続けることが困難になってしまいました。そのため、裁量トレードへの転向を余儀なくされ、以降、うまく稼ぐことがなかなかできませんでした。

　かつて稼げたシステムトレードは相場の変化により通用しなくなり、EA を使える FX 会社がなくなり、裁量トレードでは結果が出ない。それらの理由から、「FX ではもう勝てない」と判断せざるを得ず、撤退を決断しました。2015 年ごろのことでした。

　その後に向かったのは、日経平均先物でした。選んだ理由は、ボラティリティが高かったからです。かつてシステムトレードで稼いだ体験が物を言い、2015 年、2016 年には、年利 150％の成績が出せました。

　しかし、2017 年から急にボラティリティが低下し、非常に勝ちにくい環境に……。2017 年 3 月には、1 カ月の値幅が 300 円程度という、見たこともない低水準となりました。日経平均先物は、1 日の値幅が 100 円もない状態にありながら、mini（取引単位が日経平均先物の 10 分の 1）でも 5 円の手数料が必要でした。ドル円でいうとスプレッド 0.5pips で 1 日 10pips も動かないわけです。

　こんな低ボラティリティでは、稼げるわけがないと思いました。せっかく安定した成績が残せるようになっていたのに、また撤退を余儀なくされてしまったのです。

5）EA に戻って、ロビンスカップに参加

　それからまた FX に戻りました。いったんは撤退した FX ですが、そのころにはかなりスムーズに EA のプログラムを組めるようになっており、新たな手法のアイデアも試すことができたのです。

　2017 年 5 月に FX に戻り、一般的なレンジトレードの検証を始めました。緩やかなトレンド方向に対して押し目買い、戻り売りをする

ような考え方を組み合わせてダウ理論を取り入れたところ、ドル円と
ユーロドルで合わせて月 100pips 程度を、安定的に取れそうなことが
わかったのです。そして、2017 年 9 月に、このトレード手法の EA
化に成功し、自信作の EA を完成させました。

　ちょうどそのころ、ロビンスカップという世界最高峰の大会、その
日本版が 2017 年 10 月から開催されると知りました。私の EA の実力
を世間に知ってもらう、格好の場と巡り合ったのです。

　ロビンスカップとは、米国のロビンス・トレーディング・カンパニー
が 1983 年から続けている、リアルマネーによるトレードコンテスト
です。正式名称は、WTC（ワールドカップ・トレーディング・チャ
ンピオンシップ）で、その通称としてロビンスカップとも呼ばれてい
ます。通常、FX 部門と先物部門が開催され、競われます。

　日本版ロビンスカップは、FX 部門だけで行われました。2017 年
10 月〜 2018 年 2 月末の「5 カ月間の利益率」を競います。裁量ト
レーダーが多く参加する中、私は自作 EA で挑戦。その結果、利益率
45.2％の成績を収め、準優勝となりました。

　自信を持って開発した EA で、この結果を得られたことは、大きな
誇りです。一般的に「自動売買は稼げない」と評価される状況が長く
続いていました。2017 年のロビンスカップ当時も、そのような認識
の人が多かったです。しかし、EA だけの運用で準優勝者が生まれた
ことをきっかけに、EA に対する凝り固まった認識が改められたと思
います。

　ちなみに、私は化学系の仕事をするエンジニアでした。大きなくく
りとしては理系ですが、MT4 の EA に関しては、プログラムの「プ」
の字も知らない状態から独学で始めました。

そんなスタートからロビンスカップで準優勝できたことは、とても
有意義な経験でした。自分で強い意志を持って勉強すれば、どんなこ
とにも通用するということを、実感しています。

　これから FX で稼ごうとしている人には、ぜひ強い意志で取り組ん
でもらいたいと思います。

◆Trader Kaibe　投資の歩み

2006 年末	FX を始める（スワップトレード）
2007 年 11月	サブプライム・ショックに直面。強制ロスカットに追い込まれる
2008 年 11月	システムトレードで FX に再チャレンジ
2009 年 後半	初期資金 25 万円を 1600 万円まで増やすも、
	相場は利益を出しづらい環境に変化
2011 年	MT4のEAに出合う。2カ月半で168％増の利益を獲得
2012 年	注文や約定拒否により、EAの使用が困難となり、EAトレードから撤退し裁量トレードへ転向
2014 年	裁量トレードで結果が出ず、FXから撤退
2015 年	日経平均先物へ転向、年利150％を達成
2016 年	前年と同様、日経平均先物で年利150％を達成
2017 年	先物のボラティリティが低下し、利益を出しづらい環境に変化
	FX に戻り、EA を開発
2018 年	日本版ロビンスカップで準優勝
	EA の啓蒙活動を開始

C O N T E N T S

第7章　自動売買プログラム（EA）の紹介

巻末特集　MT4でのEA、インジケーターの設置方法

第1章

なぜ今、FX投資をする 必要があるのか?

～第1節～
ポスト・コロナ時代と労働収入の現状

1）新型コロナウィルスにより生活様式が一変

　なぜ今、投資をする必要があるのでしょうか？　2020年の執筆時点において、私たちを取り巻く社会的、経済的環境は、非常に厳しくなっています。

　まず、世界の在り方を変えてしまった、新型コロナウィルスの影響について、振り返りましょう。

　2019年末に中国武漢市で新型コロナウィルスの流行が確認され、2020年の年明けには、アジアや欧州をはじめとする世界中に感染が拡大。同年3月には世界保健機関（WHO）が「パンデミック（世界的大流行）に相当する」という声明を出しました。日本国内での検査陽性者数は4月半ばに1万人の大台を超え、その感染力の凄まじさを見せ付けました。

　その結果、私たちの生活様式は一変しました。同年4月に日本政府から緊急事態宣言が出され、外出すらままならない状況が続いたり、経済活動の自粛を余儀なくされたりという状態になりました。

　国際通貨基金（IMF）が「新型コロナウィルスによる世界の経済的損失は、5兆ドルを超える」という見通しを発表するほど、深刻な

ポスト・コロナ時代のイメージ

新型コロナウィルスの流行により
生活様式が一変

さまざまな影響があるが、
特に、**経済**に与える打撃は深刻

・会社の体力が削られる

・失業者の増加が現実味を帯びてくる

それでも、家族を守るため、生活を維
持するためには、何とかしてお金を稼
ぐ算段が必要

投資をすることで、
お金に働いてもらうスタイルも築いておく

事態に陥っています。100年に一度の金融危機と呼ばれるリーマン・ショック時の経済的損失が2兆ドルだったといえば、今回のコロナ・ショックの深刻さが、さらにわかることでしょう。

2）コロナで収入が減ったモデルケース

　私たちの収入は減少し、生活苦が現実のものとなる傾向があります。例えば、夫婦と子ども2人の合計4人世帯の収入について、大まかなモデルケースを見てみましょう。

　「コロナ以前」は、世帯収入が40万円だったとします(夫婦共働き)。生活費や家賃、光熱費、娯楽費などの出費が合計35万円、残りの5万円を貯金していました。

　これが「コロナ後」には、大きく変わってしまいます。月に10万円の残業代がなくなり、世帯収入は30万円に下がります。そうなれば、生活費を切り詰めなければなりません。趣味にもお金が使いにくくなり、また貯金がほとんどできない状態に陥ります。
　加えて、妻のパートがなくなったとしたら、さらに世帯収入は下がります。生活レベルを引き下げ、趣味にはお金をかけられなくなります。また、貯金できないどころか、貯金を切り崩さなければならなくなってしまいます。

　同様に、独身世帯のモデルケースを見てみましょう。
　こちらは世帯収入30万円のケースだとします。生活費や家賃、光熱費、娯楽費などの出費が合計25万円、残りの5万円を貯金していました。生活費や趣味にそれなりのお金を使っても、貯金ができる状態です（23ページ参照）。

1－1　4人家族世帯の収入の変化

従来の収入の用途

項目	金額
世帯収入	40万円
生活費	20万円
家賃、光熱費等	13万円
趣味	2万円
貯金	5万円

残業代がカットされた場合

項目	金額
世帯収入	30万円
生活費	16万円
家賃、光熱費等	13万円
趣味	1万円
貯金	0万円

妻のパートがなくなった場合

項目	金額
世帯収入	22万円
生活費	14万円
家賃、光熱費等	13万円
趣味	0万円
貯金	-5万円

これが、「コロナ後」に残業代なしとなったら、一気に生活が苦しくなります。生活費を切り詰め、趣味に使うお金を減らしたとしても貯金ができなくなってしまいます。最悪のケースで、仕事がなくなってしまった場合は、貯金を大きく切り崩していかなければならなくなるわけです。

　これらの例のように、新型コロナウィルスによる経済的損失の影響が長期化していくと、私たちの生活はどんどん苦しくなっていくと予想されます。

　その一方で、仕事に縛られない自由な時間が増えたという面もあります。時間に余裕が生まれたので、本業とは別に稼ぐ手段を見つけるのが賢明ではないでしょうか。その手段のひとつとしてお勧めするのが、投資です。

3）年々低下する手取り年収

　そもそも、新型コロナウィルスよりも前から、投資が必要な理由が顕在化していました。それは税金が高くなり続け、手取り年収が減っていたことです。

　例えば、2002 年は、税金を引いた手取り年収が 590 万円でしたが、2018 年は 540 万円に減少。16 年前に比べて、50 万円も手取り額が少なくなってしまうという資料があります（https://diamond.jp/articles/-/225362。もしくは「手取り年収　2020」で検索）。

　この 16 年の間には、ボーナスの社会保険料の引き上げ（2003 年）、配偶者特別控除の一部廃止（2004 年）、定率減税の廃止（2007 年）、子どもの扶養控除の縮小・廃止（2010 年）がありました。そのような時代の変化があったため、現在はかつてよりもお金が貯まらないようになってしまったのです。

1－2　独身世帯の収入の変化

従来の収入とその用途

項目	金額
世帯収入	30 万円
生活費	15 万円
家賃、光熱費等	8 万円
趣味	2 万円
貯金	5 万円

残業代がカットされた場合

項目	金額
世帯収入	20 万円
生活費	12 万円
家賃、光熱費等	8 万円
趣味	0 万円
貯金	0 万円

失業した場合

項目	金額
世帯収入	0 万円
生活費	8 万円
家賃、光熱費等	8 万円
趣味	0 万円
貯金	-16 万円

それゆえ、投資によってお金を増やす必要性が生まれてきていると言えます。

～第2節～
老後 2000 万円問題

　いわゆる "老後2000万円問題" が浮上したのは、記憶に新しいと思います。金融庁が2019年6月3日に公表した金融審議会の市場ワーキング・グループ報告書「高齢社会における資産形成・管理」に、要約すると次のような内容が書かれていました。

　「夫が65歳以上、妻が60歳以上の夫婦のみの無職の世帯では、毎月の生活費の不足額の平均は約5万円である。今後20年～30年の人生があるとすれば、その不足額は単純計算で1300万円～2000万円になり、その分は保有する金融資産から取り崩さなければならない」

　これが、マスコミにより「老後に2000万円も足りない！」と報じられ、大騒ぎになったのです。麻生財務大臣が「表現が不適切だった」とコメントし、安倍首相も「不正確で誤解を与えた」と釈明するほど、炎上しました。
　しかし、報告書を読めば、「生涯に亘る計画的な長期の資産形成・管理の重要性を認識することが重要」だと書かれているに過ぎません。次ページに、報告書から当該部分を引用するので、ぜひご自身の目で確かめてください。

報告書の抜粋

２．基本的な視点及び考え方

（１）長寿化に伴い、資産寿命を延ばすことが必要

　前述のとおり、夫 65 歳以上、妻 60 歳以上の夫婦のみの無職の世帯では毎月の不足額の平均は約 5 万円であり、まだ 20 ～ 30 年の人生があるとすれば、不足額の総額は単純計算で 1,300 万円～ 2,000 万円になる。この金額はあくまで平均の不足額から導きだしたものであり、不足額は各々の収入・支出の状況やライフスタイル等によって大きく異なる。当然不足しない場合もありうるが、これまでより長く生きる以上、いずれにせよ今までより多くのお金が必要となり、長く生きることに応じて資産寿命を延ばすことが必要になってくるものと考えられる。重要なことは、長寿化の進展も踏まえて、年齢別、男女別の平均余命などを参考にしたうえで、老後の生活において公的年金以外で賄わなければいけない金額がどの程度になるか、考えてみることである。それを考え始めた時期が現役期であれば、後で述べる長期・積立・分散投資による資産形成の検討を、リタイヤ期前後であれば、自身の就労状況の見込みや保有している金融資産や退職金などを踏まえて後の資産管理をどう行っていくかなど、生涯に亘る計画的な長期の資産形成・管理の重要性を認識することが重要である。

（出典）金融審議会の市場ワーキング・グループ報告書「高齢社会における資産形成・管理」

～第3節～
投資商品の比較

　投資は、「資産運用」や「資産形成」と呼ばれることもあります。いずれにしても、「お金を金融商品に投じて増やそう」という行為です。

　その金融商品には、さまざまな種類があります。例えば、FXや株式投資、投資信託、日経平均先物などの言葉を、一度くらいは聞いたことがあると思います。

　ただ、種類がありすぎて、どれが自分に合っているのかわからないというのが、皆さんを悩ませる要因のひとつでしょう。そこで、ここでは代表的な金融商品の概略をまとめておきます。

1）FX

　外国為替証拠金取引のこと。通貨同士の交換（売買）を、差金決済で行い、その差益獲得を狙います。

　例えば、ドル円が100円のときに買い建てし、105円になったときに売り決済すれば、その差の5円が利益になります。

　実際の取引では最大25倍のレバレッジが掛けられるため、少ない資金を元手に、より大きな金額に相当する取引が可能というメリットがあります。

　FXでは、外国通貨を組み合わせた通貨ペアが取引対象となります。選んだ通貨ペアのレートが上がるか、下がるかを予想して、取引

します。買いからでも、売りからでも、利益を獲得できる点が特徴です。もちろん、その逆（損失を出すこと）もありますので、取引するときに注意が必要なことは言うまでもありません。

２）株式投資

株式会社が資金調達のために発行する株式を「買う（出資する）」こと。企業に利益が出た場合、利益の一部が配当金（インカムゲイン）として株主に還元されるのが一般的です（必ず還元されるとは限りません）。

また、株価が安いときに買い、高くなったら売ることで、その値上がり益（キャピタルゲイン）を得ることもできます。

一方、値下がりすれば損失を抱えておく（含み損にする）か、決済して損切りするしかありません。

他の金融商品と比べて、まとまった資金が必要です。例えば、ファーストリテイリングの株は約900万円、任天堂の株は約650万円掛かります（2021年1月の原稿執筆時点）。これらは最も高い部類の銘柄ですが、他の銘柄を取引する場合でも、通常、数十万円から100万円以上の投資資金を準備することになります。

一方、数万円で買える銘柄や、単元未満株（証券会社が株を分割して販売する）制度もあります。ただし、単元未満株式取引は王道ではなく、手数料も高いため、利益を出しにくい傾向が見られます。

３）投資信託

多数の投資家から集めた資金を、専門家が運用し、その成果を分配する金融商品です。投資家は、お金を託すファンド（投資信託銘柄）を選ぶだけです。

難しい投資を自己判断で行わずに、プロに任せられるメリットがある反面、ファンドマネジャーなどに支払う手数料が高くなる傾向があります。

このケース（投資信託）では、投資判断を行うための情報収集や勉強などに費やす時間を、手数料を払って買っていることになります。

ただし、利益になりやすいかというと、必ずしもそうとは言えません。日経平均の値上がり率よりも利益率が低い投資信託銘柄は、想像以上に多く存在しています。この事実は「専門家だからといって稼げる可能性が高いわけではないこと」を証明しています。

なお、自分で直接お金を動かさず、他人（ファンドマネジャー）に任せっきりになるので、償還日を迎えたり、マイナスになってやめたりした場合、その後につながる経験（値）は得られません。

本書を手に取られた方は、ぜひ自分で考え、直接、お金を投じる投資を行ってください。マイナスの結果になったとしても、「他に得るものがあった」と思える、後悔のない投資にしていただければと思います。

４）日経平均先物

日経平均株価を原資産とする、株価指数先物取引のことです。先物取引とは、「特定の原資産（先物やオプションなどのデリバティブ取引の対象となる資産のこと。株で言うところの"株式"のこと）を、将来の期日までに、取引時点で定める価格にて取引する約束」のことです。

レバレッジが掛けられたり、売りからでも取引を始められたり、夜間でも取引できたりなど、FXに近い金融商品だと言えます。ニュースでおなじみの日経平均株価が取引対象となるため、一定の人気があります。

5）バイナリーオプション

　二進法を意味するバイナリー（binary）の言葉通り、ある条件を「満たすか」「満たさないか」の二者択一方式で値動きを当てる金融商品です。

　例えば、ドル円のレートが、取引終了時点において、110.00 円以上に「上昇しているか」、それとも「上昇していないか」といった予想をする取引です。

　一般的に、レンジ相場だったり、ボラティリティが低かったりすると、利益を出しにくいですが、反面、どんな環境下にあっても、バイナリーオプションならば、一定の利益を得られる可能性があります。そこがメリットです。

6）暗号資産（仮想通貨）

　2017 年後半〜 2018 年 1 月の急騰で話題になった仮想通貨は、今では暗号資産と呼ばれるようになりました。ビットコインやイーサリアム、リップルをはじめ、数多くの種類があります。現実の決済手段として利用できるものもありますが、売買差益を狙うのが一般的です。

　FX と同様、売りでも買いでも差益を狙える仮想通貨 FX と、株のように買い持ちしながら上がったら差益が得られる現物取引があります。

　2020 年現在、仮想通貨取引で得た利益は雑所得に分類されるため、他の投資手段のように低い税率の恩恵にあずかることができません。最大税率は所得税と地方税併せて 55% となります。

以下、各種投資商品の比較表です。

1－3　各投資商品の比較

商品	銘柄数	レバレッジ	下落時差益	税率	損失繰越	手数料	資金
FX	20	25倍	あり	20%	あり	安	小
株式投資	3700	1倍	なし	20%	あり	安	大
投資信託	5500	1倍	なし	20%	あり	安	大
日経平均先物	1	20倍	あり	20%	あり	安	大
バイナリーオプション	20	－	あり	20%	あり	安	小
暗号資産（仮想通貨）	1000	2倍	あり	最大55%	なし	高	小

7）どの金融商品を選ぶべきか

　株式投資は優秀な投資商品ですが、手数料を安くするためには、かなりの資金が必要になります。

　投資信託の場合は、マイナスになる可能性は決して低くなく、もしマイナスで終わった場合は経験値すら得られません。

　日経平均先物は、FX に似た性質の投資商品ですが、こちらもかなりの資金が必要になります。

　バイナリーオプションではレバレッジを掛けられないので、FX に比べると少し劣ります。

　暗号資産（仮想通貨）は、取引面では株式の良さや FX の良さも持っていますが、大きな利益を出せた場合の税率は高く、損失も繰り越せません。

　以上の各商品のまとめから考えると、私は FX を選択するのが合理的だと考えます。

章末コラム　〜 Trader Kaibe の格言①〜

　FX トレードは、基本的に泥臭いものだ。

　SNS で目立っている人のような派手な損益に憧れるのも
よいかもしれない。

　しかし、それでは、いつまでたっても、勝てるようにはな
らない。

　一回一回の勝ち負けは気にせずに、売買を繰り返す。

　雨垂れ石を穿つように、長い目で見てトータルでプラスに
なれば勝ちである。

【解説】

　Twitter に代表される SNS などで、いつのころからか、
紙幣の束を見せる資産自慢や、獲得利益額が写った画像を見
せる行為が目立ち始めました。しかし、これらの札束や画像
は、いくらでも偽物を用意することができます。

　SNS を利用するリテラシーとして、それらを鵜呑みにせ
ず、疑ってかかる冷静な目線も必要でしょう。

　FX トレードに真面目に取り組むほど、虚構の中にある派
手なトレードとは、真逆の性質になるはずです。勝ったり負
けたりを、淡々と繰り返しながら、地道に利益を積み重ねて
いくのが、本来の姿なのです。

第2章

FXは確率論

FXは確率に収束する

　次ページの上段のチャートを見てください。これは、ドル円の日足です。平常時の値動きの例で、上がったり、下がったりする波形が見てとれると思います。

　チャート上に描かれた、帯のように見えるラインが、ボリンジャーバンド（後述）というテクニカル指標です。これは、統計学における正規分布の考えに基づいて作られています（36ページ参照）。統計学上、値動きの95.44％は±２σラインの間に収まり、残りの4.56％が外に抜け出す、と考えられます。

　チャート上の丸で囲まれた箇所は、±２σラインから外に抜け出したところです。基本的に、±２σラインの内側で値動きが推移していますが、時折、外に抜け出す動きをしています。
　このように、"相場が平常時"であるならば、ボリンジャーバンドの正規分布は確率に収束すると考えることができます。実際に、±２σラインの外にはみ出る値動きが、わずかしか見られないことがわかるでしょう。

　なお、ボリンジャーバンド±１σ～３σは、次のような確率の分布を表します。

2-1　ボリンジャーバンド（ドル円　日足）

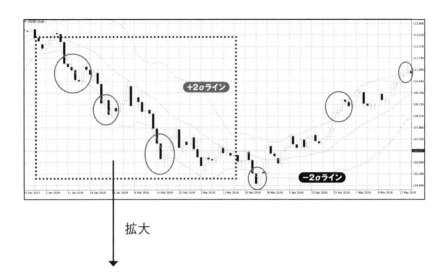

拡大

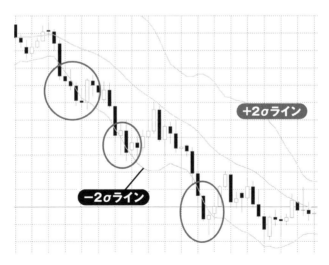

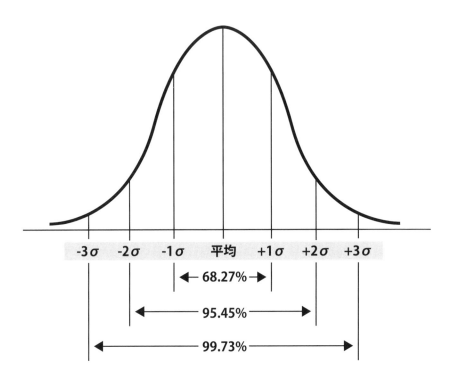

統計学上、値動きの95.45％は±2σラインの間に収まり（残りの4.55％が外に抜け出し）、値動きの99.73％は±3σラインの間に収まる（残りの0.27％が外に抜け出す）と考えられている

◎値動きが＋１σ〜－１σの区間に収まる確率：68.27%
◎値動きが＋２σ〜－２σの区間に収まる確率：95.45%
◎値動きが＋３σ〜－３σの区間に収まる確率：99.73%

　このように、FXは確率に収束すると考えられます。ということは、確率的に優位性（エッジ）のあるトレードを繰り返せば、その試行を積み重ねるほど、利益が残るという理論になります。

　つまり「こういうときは、こういう値動きをしやすい」という優位性が現れる局面を狙ってトレードすることで、利益を取れる可能性が高くなるのです。

　そして、このことこそが、EA運用で資産が増えるということの根拠となります。

1）利益を獲得する基本的な手法

　トレードにおける優位性と、それを利用した手法には、さまざまな種類があります。ここでは代表的な優位性を紹介します。

①押し目買い＆戻り売り

　最も一般的な、順張りの手法です。「トレンドは継続する」というダウ理論の考えに基づいて、上昇トレンドがいったん逆行する押し目で買う、あるいは下落トレンドがいったん逆行する戻りで売るといった「順張り」の手法です（次ページ上段）。一時的に逆行する方向へ引きつけるため、利益を大きくすることができます。難易度は、比較的低いです。

②ブレイクアウト

　相場の節目となる、高値や安値のラインにおいて、それらを突き抜ける勢いのある動きを狙う手法です（次ページ下段）。そのラインを突き抜けるときに、買いや売りが殺到すると読んで、その方向へ順張りします。注意したいのは、ボラティリティが低いと、ラインを突き抜けたとしても、続伸せずに戻ってしまうケースが多いことです。その場合は、順張りが失敗となります。例えば、高値ブレイクアウトの

2-3 押し目買い＆戻り売り

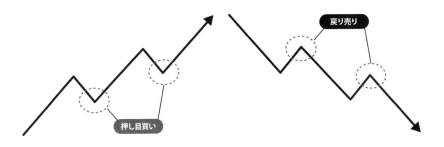

2-4 ブレイクアウト

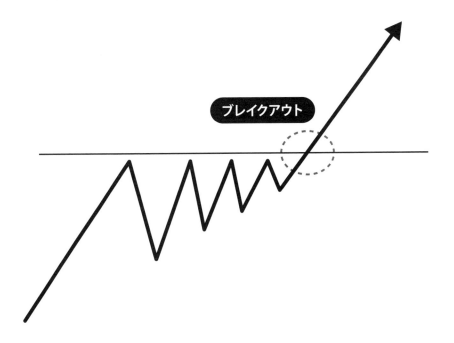

場合は直近の安値の下など、あらかじめ決めたポイントで損切りとなります。難易度としては、押し目買い＆戻り売りよりも高めです。

③カウンター

　節目となる高値や安値のライン付近で反転すると読んで、逆張りする手法です（次ページ上段）。いわゆるレジスタンスライン、サポートラインの見極めが重要になります。ブレイクアウトになってしまったら、損切りします。

④アノマリー

　アノマリーとは、一般的に「理論的に説明することはできないものの、経験的に観測できる規則性のこと」です。FX では、東京時間の仲値やロンドン時間のロンドンフィキシング（ロンドン市場の 16 時の値決めのこと）など、特定の時間帯における、特有の値動きから利益を狙う手法などを指します。また、夏枯れ相場など、季節性との関係による傾向もあります。

　仲値で特有の値動きが見られるのは、実需取引が発生するからです。銀行や金融機関がその日に取引するドル円のレートは、午前 9 時 55 分に決定し、同 10 時に公示されます。大まかに説明すると、その仲値公示に向けて、ドルを必要とする銀行や企業が調達を始める、すなわち円を売ってドルを買う取引が偏って発生します。他方、ドルを持った企業が、それを日本円に両替する取引も発生します。

　このような複合的な要因から、「ドル円のレートが 9 時 55 分に向かって上昇しやすく、9 時 55 分の後は下降しやすい」と言われているのが仲値なのです。

⑤窓埋め

　金曜日の市場クローズ時と、翌週月曜日の市場オープン時のレート

2－5　カウンター

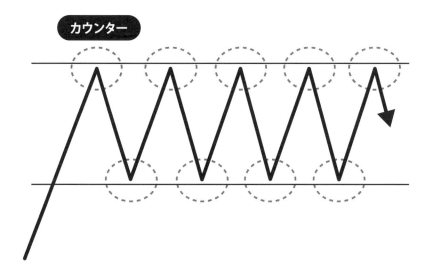

2－6　窓埋め

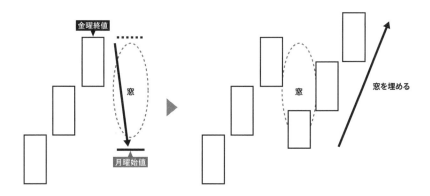

に生じたギャップ（窓）を狙う手法です（41ページ下段）。土日に大きなニュースが出ると、月曜の朝に窓が開くケースが多くあります。

　月曜日の朝にギャップが開いた場合、それを埋めるように値動きしやすいという傾向があります。

　ただし、ギャップは必ず埋まるとは限りません。また、埋まるまで数カ月以上かかることもあります。

　以上のことから、この手法では、どこに損切りを置くのかが重要になります。

⑥朝スキャルピング

　日本時間早朝の、流動性が低い時間帯に、特定の値動きを狙う手法です。その時間帯は、大きく値動きした場合に元のレートに戻りやすいという傾向があります。

　ただ、流動性の低い時間帯ですので、スプレッドが拡大しています。そのため、大きな利益を狙えるわけではありません。

　日本時間早朝のスプレッドが広くなかったかつての時代は、安定して優秀な成績を上げられたため、多くのトレーダーがこの手法を採用していました。

　しかし、それはFX会社の利益を圧迫することにしかならず、結果として、今ではほぼすべてのFX会社で、日本時間早朝のスプレッドが広くなっています。

⑦ナンピン

　グリッドトレードとも呼ばれる手法です。相場が予想と逆方向に動いたときに、（思惑通りの動きではないにもかかわらず）一定の法則でポジションを積み増します。買いの場合、この作業を行うことによって平均取得レート、すなわち損益分岐点が下がるため、相場が予想した方向に（当初の思惑通りに）回帰したときには、含み損の解消と利

益の発生が早まることになります。

　ナンピンは、一見、初心者が取り組みやすい手法のように思えますが、実はその逆です。ポジションの建て方、および資金管理に失敗すると、強制ロスカットされてしまう危険性が高まるからです。あくまでも、相場の厳しさを知った上級者向けの戦略だと言えます。

⑧スワップトレード

　高金利通貨の買いポジションを、低いレバレッジで保有し続け、スワップポイントの受け取りを狙う手法です。一時期、多くのメジャー通貨が高金利だったときには、非常に人気がありました。

　しかし、サブプライム・ショックやリーマン・ショックによる暴落で、強制ロスカットに追いやられる人が続出。それ以降は、金利の低下とともに、人気も下火になりました。

　現在は、高金利の通貨は少なくなっています。マイナー通貨のトルコリラ、メキシコペソなどがわずかに挙げられる程度です。初心者が手を出すには、難しくなっていると言えます。

　以上のように、さまざまな優位性と、それを利用して利益獲得を狙う手法があります。

2）なぜ優位性があるのか？

　ところで、トレードの優位性とは、何なのでしょうか？　私は優位性の正体は、2つに大別されると考えます。

　ひとつ目は、テクニカル分析による値動きです。莫大な資金を運用する投機筋は、ローソク足のプライスアクションや、インジケーター、オシレーター、トレンドラインなどのテクニカル分析を目印として、相場を動かします。だからこそ、テクニカル分析に基づいた値動きに

優位性が生まれるのです。

　2つ目は、需給による値動きです。仲値やロンドンフィキシングなど、企業活動の結果として相場が動くところが、優位性となります。

　これらの優位性は、規則性のある環境下において確認されます。

　逆に、ファンダメンタルの要素が強い局面、すなわち重要な経済指標発表や要人発言、ニュースなどによって相場が急に動く局面では、優位性を見いだしにくいと言えます。

損切りにも優位性が必要

　トレードの優位性というと、エントリーの局面を指すものだと考えられがちですが、実は損切りの局面においても必要です。

　トレードの入口における優位性は、多くのトレードの教科書で解説されています。しかし、出口における優位性は、あまり知られていないのではないでしょうか。

　まずは、下のチャート（ドル円の１分足）を見てください。

２－７　ドル円　１分足

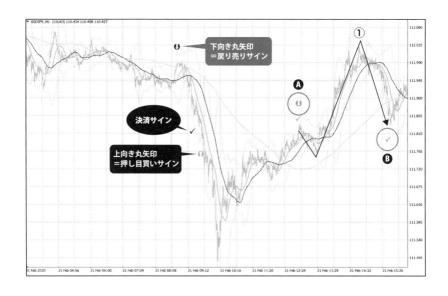

このチャートに表示しているのは、本書に付属しているサインツールです（詳しくは第4章にて）。私が裁量トレードをするときに使用することがあります。これを用いて、損切りでも優位性が必要であることを解説します。

　表示された上向きの丸矢印は押し目買い、下向きの丸矢印は戻り売りで、チェックマークで決済ができるというサインです。

　さて、「A」で戻り売りのエントリーをしたと仮定して、損切りの解説をします。

　エントリー後に、残念ながら価格が上昇して、含み損になってしまいました。一般的には、「どこかの水準に損切りの逆指値注文を置く」というトレード方法が解説されています。逆行の流れのまま、損切りするわけです。

　しかし、私がバックテストで検証したところによると、**逆行の流れのまま損切りするよりも、いったん逆行を許容してから折り返してきたところで損切りする**ほうが、優位性が高いとわかりました（次ページ上段）。この例では、「B」で決済します。

　「なぜ、折り返してから損切りしたほうが優位性が高いのか」は諸説あると思いますが、私はエントリーとイグジットが一対であるのが合理的だからだと考えています。すなわち、戻り売りでエントリーしたならば、イグジットは「押し目買いにもなり得るポイントが良い」ということです。

　この例では、大きく逆行していますが、チャート上の「①」で折り返してからは下落が速く、建値と同水準での損切りとなりました。逆行の流れのまま損切りするよりも、傷を浅くすることができたのです。

　ただし、際限なく逆行してしまうこともあるので、**最悪の事態を想定した最終撤退ラインとして、損切りを設定しておく**必要があります。これを、**プロテクティブ・ストップ・ロス**と呼びます（次ページ下段）。

2−8　損切り

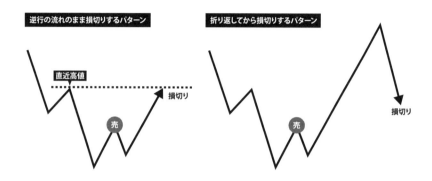

2−9　プロテクティブ・ストップ・ロス

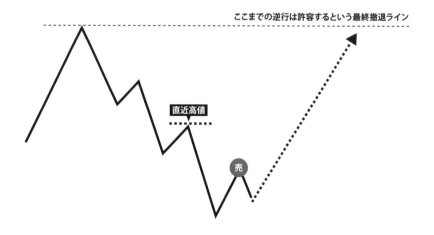

章末コラム　Trader Kaibe の格言②

「スキャルピングやデイトレで毎日稼いでやろう」

そんなことを考えて相場に挑もうとしている人は、心根を改めたほうがよい。

FX トレードは、試行回数を増やすことで収益曲線が収束する。

短期的にドローダウンが続くこともある。

それを受け入れて、長期で利益が出るように持っていく。それが相場で長生きする秘訣。

【解説】

FX では、100 戦 100 勝できるわけでも、毎日勝ち続けられるわけでもありません。勝ったり負けたりを繰り返しながら、それでも利益のほうが上回る計算になる手法を採用し、長期的に右肩上がりの収益曲線を目指すのが、正しい姿です。

極端な例では、勝率 51％、敗率 49％ の手法を、リスクリワードを 1 対 1 で回せば、右肩上がりの収益曲線が期待できます。パフォーマンスが上振れするときも、下振れするときも、その期待値への理解を変わらずに保てるかが、ポイントとなります。

第3章

基本的なFXトレード手法

～第1節～
時間軸によるトレードの考え方

1）3種類のトレードスタイル

　トレードのスタイルは、さまざまです。ポジションの保有時間を軸にすると、スキャルピング（スキャル）、デイトレード（デイトレ）、スイングトレード（スイング）に分類されます（次ページ上段）。

　それぞれ、ファンダメンタル分析やテクニカル分析によって影響を受ける割合、1トレード当たりで期待できる利幅が異なります。簡単にまとめると、次ページの下段のようになります。

2）トレードプラン構築の思考方法

　次に、トレードするときの「基本的な思考の順番」を紹介しましょう。

　まず、以下のようなファンダメンタル分析を行い、各要因の重み付けを行います。要因ごとに重要度の順位付けをして、通貨の強弱および通貨ペアの方向性をざっくりと考えるのです。

「米国の経済的要因により何％の影響があり、日本の政治的要因により何％の影響がある。よって、円安ドル高になりやすいだろう」
「金利差が相場に影響するのが●％、経済指標の悪い結果の影響が●％。よって、円高ドル安になりやすいだろう」

3-1　トレードスタイル

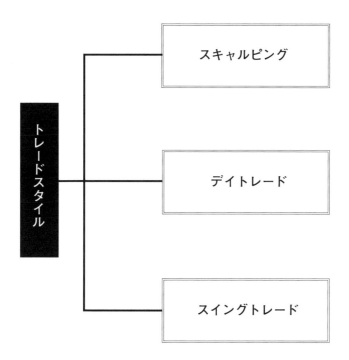

	スキャルピング	デイトレード	スイングトレード
ポジション保有時間	数秒～数十分	数十分～数時間～丸一日	数日～数十日～数カ月
ファンダメンタルズ分析が影響する割合	0～1割	1～3割	3～5割
テクニカル分析が影響する割合	9～10割	7～9割	5～7割
1トレード当たりの利幅	数pips～20pips	10pips～数十pips	数十pips～数百pips

そのあとでテクニカル分析（後述）を組み合わせて、エントリーポイントとイグジットポイントを割り出します。そして、そのタイミングが来たら、トレードする。以上が基本的なトレードのやり方です。

3）私が使うテクニカル分析ツール

私がテクニカル分析するときに用いるツールやインジケーターを解説します。

前述の通り、テクニカル分析は、メジャーなものや投機筋などが重視しているものが効きやすいです。逆に、マイナーなものは、あまり意味を持たないといっても過言ではありません。

①水平ライン

文字通り、ある特定のレート上に、真横に引いたラインのことです。サポートライン、レジスタンスライン、ラウンドナンバーに分類されます。

サポートラインとは、安値を2カ所以上結んでできるラインのことです。安値が1カ所だけだと、サポートレベルラインと呼ばれることがあります。

レジスタンスラインとは、高値を2カ所以上結んでできるラインです。高値が1カ所だけだと、レジスタンスレベルラインと呼ばれることがあります。

ラウンドナンバーとは、110.00円など、切りの良い数字のことです。ここに引く水平ラインは機能しやすいです。

相場では、サポートラインやレジスタンスライン、ラウンドナンバー付近で値動きが跳ね返ったり、もみ合ったりするパターンが多く発生します。言い換えると、値動きに明確な特徴が現れる、重要なラインなのです。

3-2　トレードの流れ

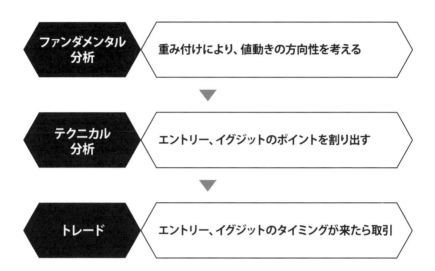

ファンダメンタル分析	重み付けにより、値動きの方向性を考える
テクニカル分析	エントリー、イグジットのポイントを割り出す
トレード	エントリー、イグジットのタイミングが来たら取引

3-3　水平ライン

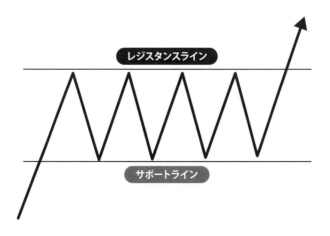

レジスタンスライン

サポートライン

②トレンドライン

　チャート上でレートの上昇が継続すると上昇トレンド、下落が継続すると下落トレンドです。そのとき、切り上がる安値、あるいは切り下がる高値を2カ所以上結んでできる斜めのラインを「トレンドライン」と呼びます。

　そして、トレンドラインを平行にコピー・アンド・ペーストして帯を作ると、チャネルラインになります（上値傾向線、下値傾向線とも呼ばれます）。

　トレンドは、「過去の価格推移の影響を受けた需給」と「将来期待による需給」の変化によって生じます。

　「過去の価格推移の影響を受けた需給」の変化とは、投資家などが過去の価格と現在の価格を比較したときの、上昇（下降）の方向性や転換による売り手（買い手）の増大を意味します。

　「将来期待による需給」の変化とは、投資家などが現在の価格と将来の予想価格を比較したときの買い手の増大（将来の予想価格が高いとき）、売り手の増大（将来の予想価格が低いとき）を意味します。

3-4　トレンドライン

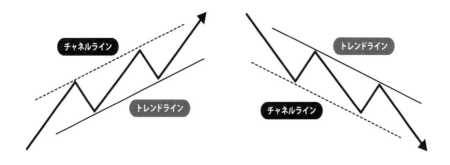

③チャートパターン

　複数のローソク足によって形成される、チャートの形状のことです。それらはトレンドの転換、続伸、停滞などを示唆します。

　ダブルトップ・ダブルボトムや、三尊・逆三尊は、相場の天井や大底で出現。トレンド転換の合図となります。

　フラッグやトライアングルは、トレンドの中段保ち合いを示唆。トレンド継続の合図となります。

　この他にも、さまざまなパターンがあります。

3-5　チャートパターン

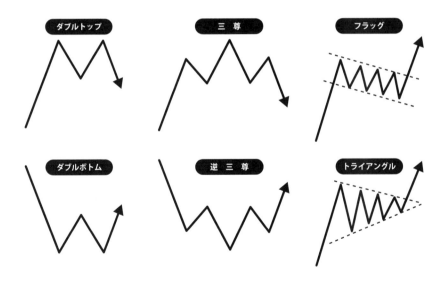

④移動平均線

　トレンド系を代表するインジケーターです。一定期間のレートの終値から算出した平均値をつなぎ合わせて描画します。よく使われる期間の数値（パラメーター）として、20 期間、50 期間、200 期間を覚えておくとよいでしょう。

　なお、移動平均線にはいくつかの種類があります。

　単純移動平均線は、その名の通り、単純に平均値を算出するもので、SMA（Simple Moving Average）と呼ばれます。

　指数平滑移動平均線は、直近のレートに比重を置いて平均値を算出するもので、EMA（Exponential Moving Average）と呼ばれます。

　ちなみに、私が移動平均線を使う場合は、SMA または EMA を採用することが多いです。

3−6　移動平均線

移動平均線

⑤ボリンジャーバンド

第2章で簡単に説明した通り、統計学の正規分布の考えを表すものです。±1σライン以内には68.27%、±2σライン以内には95.45%、±3σライン以内には99.73%の値動きが収まるように描画されます。なお、中央のライン（センターライン）は、移動平均線です。

帯のように描画されるバンドが、スクイーズ（収束）とエクスパンション（拡散）を繰り返し（3-7の下のイメージ図）、トレンドやレンジの切り替わりを示唆します。

テクニカルが効きやすい相場では、とても使えます。特に、20SMAの2σラインや、3σラインが重要になります。

3-7　ボリンジャーバンド

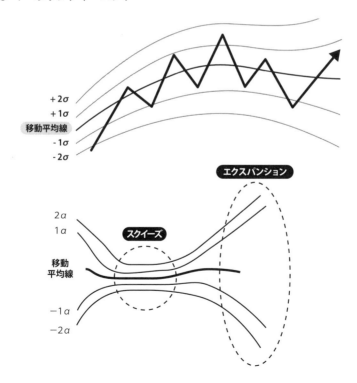

⑥オシレーター（MACD、ストキャスティクス、RSI など）

オシレーターとは振り子を意味します。相場の世界では、買われ過ぎ、売られ過ぎといった度合いを示すインジケーター類の総称です。

主にレンジ相場で効果を発揮し、買われ過ぎからの反転下落、売られ過ぎからの反転上昇を見極める目安として利用できます。

逆に、トレンド相場では、効果を発揮しにくい面もあります。

オシレーター系のテクニカルには、ストキャスティクスや RSI など、さまざまな種類があります。

3−8　オシレーター

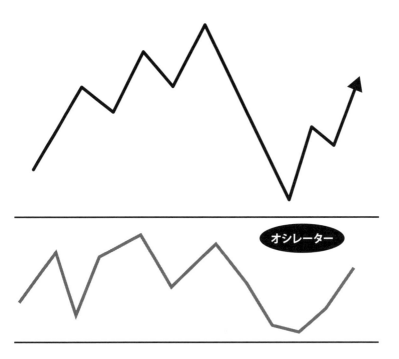

⑦ダウ理論

19世紀後半に、米国の証券アナリストであるチャールズ・ダウが考案した、相場の値動きの基本法則をダウ理論と呼びます。ダウは「6つの法則」を提唱しました。

1. 平均はすべての事象を織り込む
2. ３種類のトレンドがある
3. 主要トレンドは３段階からなる
4. 平均は相互に確認されなければならない
5. トレンドは出来高でも確認されなければならない
6. トレンドは明確な転換シグナルが発生するまで継続する

このうち最も重要なのは、「6. トレンドは明確な転換シグナルが発生するまで継続する」だと考えます。

なお、トレンドの定義として、高値更新、安値更新という明確なルールがあります。これは重要度が高いので、覚えてください。

3−9　ダウ理論

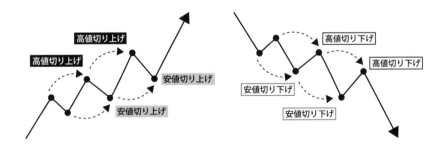

4）私が重視するテクニカル分析

さまざまなテクニカル分析がある中で、私が最も重要だと考えるのは、**水平ライン**と**ダウ理論**です。

その他については、テクニカル分析の確度を上げるためのサポート役として考えています。それらを組み合わせてノイズを排除しながら、「確度の高い押し目買い、戻り売りのポイントを割り出す」というのが、私の分析方法です。

それでは、ダウ理論を用いてどのようにトレードするのかを、具体的に解説します。次ページのチャートは、ドル円の15分足です。左上から右下へよどみなく下落していく流れがわかります。

このチャートで見られる、特徴的な値動きのポイントを確認していきましょう（次ページ下段のイメージ図参照）。

A：サポートレベルラインを下方にブレイクして、さらに落ちていきます
B：その下落は、いったん踏みとどまって上昇に転じます
C：しかし、今度は先ほどのサポートレベルラインが、レジスタンスレベルラインに転換して、上昇の流れを跳ね返します
D：下落の流れは、サポートラインをブレイクします
E：ある程度下落したところから、上昇に転じて、先ほどのサポートラインがレジスタンスラインに転換したところから再び下落します
F：またサポートラインをブレイクして、どんどん落ちていきます

この例が、ダウ理論を表す典型的なチャートです。つまり、「トレンドは明確な転換シグナルが発生するまで継続する」ということを示

3−10　ドル円15分足で見るダウ理論の特長

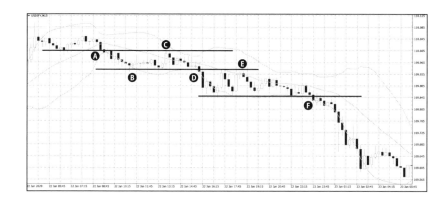

簡略図

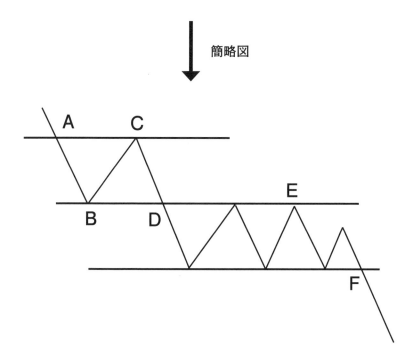

しています。なお、ここで言う「明確な転換シグナル」とは、上昇トレンドの場合であれば、ひとつ前の安値を切り下げることを指し、下降トレンドの場合であれば、ひとつ前の高値を切り上げることを指します。

　改めてチャートを見てください。高値と安値を切り下げながら、どんどん下落している様子がわかると思います。

　このダウ理論の法則がわかれば、トレード戦略の構築は簡単です。すなわち、長期のトレンド方向への順張りをするために、水平ラインでの短期的な反発を狙うのです。これが押し目買い、戻り売りとなります。

3−11　トレンドは転換シグナルが出るまで継続する

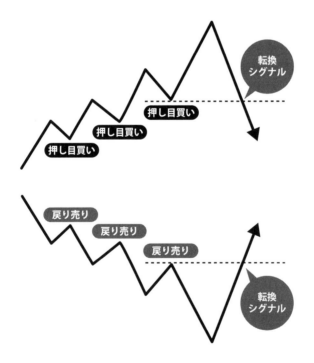

~第2節~

裁量トレードと
自動売買トレードの種類

1）トレードを取引方法で分けてみる

　前節では、時間軸の観点から、トレードをスキャルピング、デイトレード、スイングトレードに分類しました。それとは別に、取引方法の観点から、裁量トレードと自動売買トレードにも大別することができます。

3-12　トレードの種類

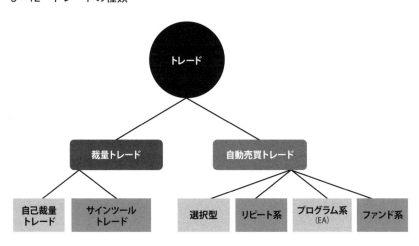

2）自分の判断で行う裁量トレード

裁量トレードとは、自分の判断に基づいて、手動でトレードを行うことです。

裁量トレードは、多くの人が取り組むスタイルです。FXのトレードと聞くと、この姿を連想する人が多いでしょう。為替のニュースを見て、チャートを分析し、「どこでエントリーし、どこでイグジットするか」を自分で判断します。利益を出すためには、非常に高度な技術と知識が求められます。

なお、裁量トレードの手段のひとつとして、第2章で登場した「サインツール」を利用する方法もあります。

3）システムに任せる自動売買トレード

一方の自動売買トレードは、自動的にトレードしてくれるシステムを利用することです。

裁量トレードが自分の判断に基づくのに対して、自動売買トレードは自分の判断を介入させずに（一部で例外あり）、システムに任せる方法です。

自動売買には、さまざまな種類があります。ここではプラットフォームの観点から、「選択型」「リピート系」「プログラム系」「ファンド系」に分類して、概要を解説します。

①選択型

FX会社が用意した自動売買ストラテジーから、自分が運用したいものを選ぶというのが「選択型」です。最初にストラテジーを選んでしまえば、その後は自動で売買が行われます。自分の判断が介在するのは、ストラテジー選びのタイミングだけです。

特徴は、スプレッドや手数料など、割高なサービスが多いということです。スキャルピングやデイトレードでいくら優秀なストラテジーがあっても、手数料の占める割合が高くなってしまい、利益が出しにくい傾向が見られます。

そうした事情もあり、選択型のサービスでは、手数料負けしにくい高金利通貨のスワップトレードのランキングが高くなりがちです。

とはいえ、そういうスイングトレードをするのであれば、わざわざ選択型自動売買をする必要性はなく、別の手段で挑んだほうが利益を大きく残せそうです。

以上を踏まえて誤解を恐れずに私見を述べますと、2020年の原稿執筆時点では、「選択型で安定的かつ継続的に稼ぐのは難しいのではないか」と思います。

ストラテジーを選ぶだけというのは、裏を返せば、自由度が低いということです。誰にでもすぐに始められるという面では、初心者向けと言えますが、利益が出にくいものであることは理解しておくべきでしょう。

②リピート系

「自分で決めた設定（あるいは選択肢から選んだ設定）で、繰り返しトレードが行われる」というものです。

どういうことかというと、「ドル円が 100.00 円になったら新規買い建てし、100.50 円になったら決済する」というような売買ルールを、延々と繰り返してくれるようなシステムを指します。

FX 会社が提供するリピート系プラットフォームを使うとスプレッドや手数料が高いため、その分だけ、利益が薄くなってしまう傾向が見られます。

極論すると、このようなリピート系の売買ルールは、EA で自作できます。したがって、私個人としては、あえて FX 会社が提供するリ

ピート系プラットフォームを使う必要はないと思っています。

　リピート系プラットフォームにも種類があり、あらかじめ用意された ルール（設定）を選択するものもあれば、自分なりに設計できるものもあります。FX 会社によって、サービスの特徴が異なります。

③プログラム系

　本書の主題である EA が、この分野に該当します。自分でプログラムを組む、あるいは他人が組んだプログラムで自動売買トレードを行うというものです。そのプログラム系自動売買ができる代表的なプラットフォームが「MT4」です。

　他にもいくつかのプラットフォームがありますが、世界的なシェアでは MT4 が最大です。特徴は、EA 開発の自由度が高く、複雑なストラテジーを具現化できるという点にあります。

　先ほど、選択型やリピート系については難色を示しましたが、自動売買の考え方を身につけるための初級編として取り組むのであれば、選択型やリピート系を選ぶというのもよいでしょう。その過程で自動売買に慣れてきたら、プログラム系の勉強に進んでいくと理解が早いのではないかと思います。

④ファンド系

　優秀なトレーダーがポートフォリオを組んで、投資家に代わってトレードしてくれるものです。いわゆる投資系ファンドです。こちらは、金融庁の厳格な監視下に置かれているので、業者の数は限られています。

　業者を選ぶだけであり、自由度という面では、限りなく低いと言えます。スプレッドや手数料は、選択型よりは低い水準です。

4）かつて「EAは勝てない」と言われた

FX歴の長いトレーダーは、かつて「EAは勝てない」と言われていたことをご存知かもしれません。確かに、そのような時代がありました。

しかし、現在は取引環境が改善されたため、その定説は覆されています。

過去と現在で、**最も変わったのは「スプレッド」**です。数年前までのMT4の大半は、「主要通貨ペアのスプレッドが2〜3pips」という、（スプレッドが）広い水準のFX会社から提供されているプラットフォームでした。

ところが現在は、0.1〜0.3pipsと、そのころとは比較にならないほど狭い水準も登場してきました。

この影響が非常に大きかったと言えます。例えば、スキャルのEAでは、数pipsを狙うトレードを高い頻度で繰り返すわけですから、スプレッドの幅が収益を左右します。スキャルほどではないにせよ、デイトレやスイングでも影響は大きいです。

また、**約定環境も改善**されました。MT4では、かつてはロンドンやニューヨークにサーバーを置いているFX会社が多かったのに対して、現在は東京にサーバーを置くところも現れました。つまり、約定スピードが速くなったのです。

サーバーが海外にあるか、日本にあるかでは、注文の約定スピードが変わります。コンマ何秒の違いですが、FXのトレードにおいては、それが非常に大きな差となって現れるのです。

以上の環境が変化したことによって、「EAは勝てない」という説は、

否定されるようになりました。

　さらに、個人的な感覚ではありますが、**優秀な EA 開発者が増え
てきた**ような印象を受けます。上記のような「EA は勝てない」とい
う説が論拠をもって否定されている状況だということに気づいたト
レーダーや SE 経験者などが、EA 開発にこぞって参入していると感
じています。

　これから、ますます EA トレーダーや EA 開発者は増え、優秀な
EA も増えていくことでしょう。それらを踏まえて、本書が EA トレー
ダーを志す方の指南書になれば幸いです。

取引スタイルの比較

本節では、EA が他の投資スタイルよりも優れていることを明確にするべく、以下の項目について、裁量トレード、サインツールでのトレードとの比較を行います。

1）拘束時間
2）機材費用
3）初期投資
4）FX 会社
5）想定利益
6）難易度

それぞれ、解説していきます。

1）拘束時間の比較

① EA

トレードへの拘束時間が短く済みます。私は、一日に5分ほどしか相場に接しません。同様の EA トレーダーも多いと聞きます。毎日5分でやることといえば、EA がきちんと稼働しているかの確認や、その設定を変える作業であり、それらはルーティーン化しています。

②裁量トレード

稼いでいるトレーダーはチャートを監視し、「ここぞ」というタイミングを待ってトレードしている傾向があります。手法によってチャートに張り付く（相場に拘束される）時間は異なります。1時間で済むものもあれば、10時間以上を要するものもあります。

③サインツール

ツールによりサインが発せられるので、チャートに張り付く必要はありませんが、平均的な拘束時間として1～2時間ほどを要するでしょう。

ちなみに、「サインをスマホに通知する」などの工夫をすれば、拘束時間をさらに短縮することができます。

2）機材費用の比較

①EA

EAの稼働には、一般的なスペックのパソコンが1台あれば十分です。現在は、かつてに比べると安い価格帯でもスペックの高いパソコンはたくさんあります。EA稼働に問題なく使えます。

②裁量トレード

高いスペックのパソコンが必要です。ファンダメンタルとテクニカルの情報を同時に収集、分析していく必要があります。複数のモニター、あるいは複数のパソコンがあると作業の効率化が図れます。

ただし、パソコンやモニターを複数台用意するとなると、予算は10万円では乏しく、20万円あるいはそれ以上が必要になります。

③サインツール

　EA と同等か、少し上位のスペックのパソコンが必要です。トレードの約定速度を求めるならば、裁量トレードと同様の、より高いスペックの環境のほうが有利です。

3）初期投資の比較

①EA

　自作すれば費用はかかりません。一方、市販の EA を使う場合は、購入費用がかかります。一般的に、市販 EA の相場は、3万円～5万円程度です。

②裁量トレード

　初期費用0円で始められます。勉強のために書籍類を購入すると経費がかかりますが、現在は、ネット上に良質な情報がたくさんありますので、それらで代用できます。工夫次第で経費削減が可能です。

③サインツール

　こちらも EA と同じく、自作すれば費用はかかりません。市販のサインツールは EA よりも安価に販売されている傾向があります。市販のサインツールの相場は、1万円～3万円程度です。

4）FX 会社の比較

①EA

　EA を稼働させるには、MT4 を採用、かつ、EA でトレードすることを許可している FX 会社で取引する必要があります。

②裁量トレード

どの FX 会社でも行うことができます。

③サインツール

サインを発するインジケーターは MT4 で動かすものの、取引自体は別のプラットフォームでできます。したがって、どの FX 会社でも問題ありません。

5）想定利益の比較

①EA

他の2つと比べると、若干少なめになると考えられます。理由は2つあります。

ひとつは、EA ではチャートパターンを認識できないこと、要するに、テクニカル指標の条件を組み合わせて売買タイミングを作ることが主体となるからです。チャートパターンを認識してトレードできる裁量トレードよりも、機会損失が生まれます。

もうひとつは、EA では「ファンダメンタルへの対応が難しい」という点です。相場が大きく動くような、突発的な大ニュースがあると、EA で適切なトレードを行うことは困難になる場合があります。

②裁量トレード

ファンダメンタルやテクニカル、チャートパターン分析など、すべてにおいて制限がなく、腕が良ければ EA よりも稼げます。ただし腕が悪ければ、EA よりも大きな損失となります。

利益が多くなるか、少なくなるかは本人の能力次第です。振れ幅が最も大きいと言えます。

③サインツール

エントリーと決済のトリガーをサインに頼るものの、そこに至るまでの分析やサインの取捨選択などの自由度は高いため、想定利益はEAと裁量トレードの中間ほどとなります。

もちろん、振れ幅もEAと裁量トレードの間になります。腕の良し悪しが利益に影響します。

6）難易度の比較

① EA

ある程度の、パソコンの知識が必要です。例えば、MT4のインストールや、EAの設置（MT4で稼働するセッティング）などを、自分でできるようになることが求められます。

②裁量トレード

始めること自体は簡単です。FX会社の口座に証拠金を入金すれば、後は取引ボタンをクリックするのみです。

ただし、簡単に始められる反面、利益を出すためのハードルは高いと言えます。

③サインツール

パソコンの知識が必要となります。MT4をインストールして、サインツールを設置することが求められます。

ただし、トレードするときだけ使えればよいので、管理運用（※EAに代表されるような、平日、パソコンが止まらないように管理する運用のこと）が不要ですから、EAよりはスタートが簡単です。

ここまでの説明でもわかるように、EAの場合は、始めるハードル

がやや高いものの、利益を出すハードルは低いです。

サインツールは、始めるハードルも、利益を出すハードルも中程度となります。

裁量トレードは、始めるハードルが低いものの、利益を出すハードルはとても高いです。

トレードをスタートするときは、裁量トレードでも、サインツールでも、EAでも、どれを選んでもよいと思います。できれば、一度は、"すべて"を経験してほしいと思います。

ただ、いつまでたっても利益が出せない状態が続いてしまうのであれば、途中でトレード自体をあきらめてしまうかもしれません。

また、トレード自体が趣味で、「チャートを見ているだけでも幸せだ」と思えるような人でなければ、結局、「チャートを監視している時間が無駄ではないか」と考えてしまうことにもつながります。

以上を総合的に考えると、**比較的早めに利益を出せるようになり、かつ、チャートの監視も不要なEAがよいのではないか**、と私は考えます。

とはいえ、自分に合ったスタイルを選ぶことが、最も重要です。私がEAをお勧めするからといって、それが皆に等しく向いているかは別の話です。もし、じっくりと時間をかけてチャートと向き合い、利益を得たいという意向をお持ちなら、裁量トレードを選択するほうがよいでしょう。

ちなみに、EAと裁量トレードを並行させるスタイルのポートフォリオを組むのも良いアイデアです。

	自動売買	サインツール	裁量
拘束時間 （／日）	～10分 定期的に PCを見るだけ	1～2時間 工夫（サインをスマホに 飛ばすなど）をすれば、 ある程度、短縮可能	1～10時間 チャートを 監視し続ける 必要がある
機材費用 （※PC代）	～4万円 安価なノートPCでも 可能	～10万円 そこそこのスペックで可能	～20万円 高性能のPCと、 複数のモニターが必要
初期投資 （※その他）	3万円～ EA代	1～3万円 サインツールは、 EAに比べて安価な傾向	0円～ ネットで調べて勉強
FX会社	MT4のみ	不問	不問
想定利益	低 チャートパターンを 認識できない	中 裁量能力があると上がる	高
難易度 （※PC代）	中 PC知識などが必要	中 PC知識などが必要	高
レベル	初級者～	初級者～	中級者～

自分に合ったトレードスタイルを選択することも重要

↓

お勧めは自動売買

章末コラム　Trader Kaibe の格言③

　トレードで「負けた分を取り返そう」と考えるのは、初心者のメソッドである。

　1トレード1トレードに一喜一憂するのは初心者の証。トレードで勝てるようになろうと思ったら、まずは「取り返そう」という考え方を捨てること。

　優位性のあるトレードに「取り返そう」なんて言葉は存在しない。

【解説】

　「長期目線を持とう」とか、「期待値を積み上げよう」という理屈はわかっていても、初心者のうちは1回のトレード結果ごとに、調子に乗ったり、悔しい思いをするもの。特に、負けたときは、その損失を取り返したくなる気持ちは、誰もが持つものでしょう。

　しかし、優位性のあるトレードを繰り返せば、あとは時間が解決してくれるはずです。右肩上がりの収益曲線を作ることに慣れるに従って、そんな一喜一憂から解放されるでしょう。

第4章

本書付属のサインツールを使った手法

～第１節～
サインツールの紹介

　第４章では、本書付属のサインツールを使ったトレード手法について、解説していきます。このサインツールは、私がロビンスカップで準優勝したEAのロジック（178ページで詳述）を改良したものです。ダウ理論に基づいたトレードが軸になっています［このサインツールは、「パンローリングカスタムチャート」で稼働します（袋とじ参照）。ただし、本書の解説においては、MT4の画面を用います。あらかじめご了承ください］。

　次ページ下段のチャートに描かれた丸矢印はエントリー、チェックマークは決済のサインです。上向きの丸矢印はロング、下向きの丸矢印はショートを示します。エントリーのサインが出現した後に、決済の条件を満たしたところでチェックマークが出現します。

　なお、実際には、ロングは青系、ショートは赤系に色分けされています。

　このサインの出現頻度は高いです。つまり、多くの収益機会が発生します。ただし、裁量判断を入れないと、利益が残らないという点には注意が必要です。

　例えば、重要指標発表（後述）や要人発言が控えている場合は、その３時間程度前からトレードを止めるというルールを守ってくださ

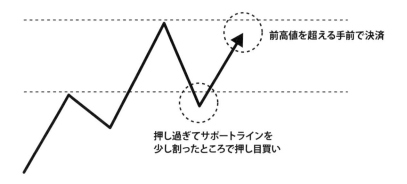

前高値を超える手前で決済

押し過ぎてサポートラインを
少し割ったところで押し目買い

エントリーとイグジット

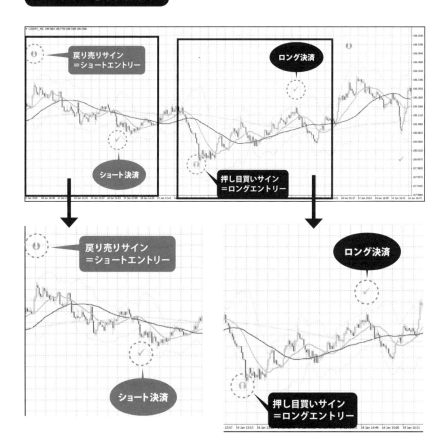

戻り売りサイン
＝ショートエントリー

ロング決済

ショート決済

押し目買いサイン
＝ロングエントリー

戻り売りサイン
＝ショートエントリー

ロング決済

ショート決済

押し目買いサイン
＝ロングエントリー

い。ファンダメンタルの要素が強い時間を避けることで、成績が向上するからです。

　サインツールもEAも、テクニカル指標からトレードタイミングの判断を下すものです。ファンダメンタル分析を軸にした判断はできません。

　以上を考慮し、成績を向上させるため、「テクニカルに合わない時間（帯）が来る」と事前にわかっているのであれば、その間は「新規建て」を止めることにします。

　ちなみに、このサインに対してフィルターをかけ、裁量判断を不要とした、上位版のツールも開発しています。こちらは、ノイズを排除することで、より確度の高いサインに限定した分、出現頻度が低く抑えられますが、サインに従うだけで優位性あるトレードを実行できます。

　この上位版サインツールは、本書の出版社であるパンローリングのサイトにて、有料でご提供しています。その有料版には特典として、EAも同梱しています。

～第2節～
ケーススタディ①

　サインツールの使い方のケーススタディとして、2019年1月28日のドル円でのトレード例を見ていきます。日足チャートを起点に、相場環境を分析しましょう。

4-2　ドル円　日足チャート

2018 年 7 月から長らく 110 円〜 114 円台で推移するレンジ相場が続いていました。そこから 110 円を割り込み、一段下のステージ（価格帯）に移行したことがわかります。

　110 円を割り込んだ下落の流れはいったん底を打ち、戻りを見せているところです。しかし、110 円台以上には、長らく 110 円台以上で推移してきた流れを打ち消すような強い売りがあるので、もう一度、110 円を超えるには、かなり力が必要だろうと考えられます。全体的に、下向きの力が働きやすい状況ですが、現状は、下値を切り上げてきています。

　次に、下位の時間軸も、順に見ていきます。これをマルチタイムフレーム分析と呼びます。

　1 時間足を見ると、107 円台からの上昇トレンドが、109 円台でレンジになっている状態だとわかります（次ページ上段）。

　直近の傾向として、110 円手前で、上昇の流れが複数回跳ね返されています。

　その反対側では、109.00 円〜 109.15 円付近が強いサポートの帯になっています。ここはそう簡単に割りそうにない印象です。

　さらに深掘りして、15 分足を見てみます（次ページ下段）。109.42 円〜 109.99 円のレンジから、一段下の 109.27 円〜 109.42 円のレンジに移行していることがわかります。

　15 分足の直近は下落トレンドです。109.27 円を割ると、下落が加速していきそうに見えます。

　さらに、1 分足（84 ページ）を見ていきます。時間帯は 14 時台で、東京市場の終わりに差し掛かり、そろそろアーリーバードが出てくるタイミングです。つまり欧州の投機筋が入ってくる時間です。相場を

4－3　ドル円　1時間足チャート

110円手前で複数回跳ね返されている

109.00円～109.15円が
サポートになりそう

4－4　ドル円　15分足チャート

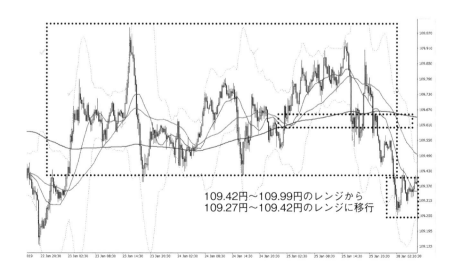

109.42円～109.99円のレンジから
109.27円～109.42円のレンジに移行

4-5 ドル円 1分足チャート

109.42円～109.46円の
レジスタンス

109.27円のサポート水準

ロングサイン

4-6 結果

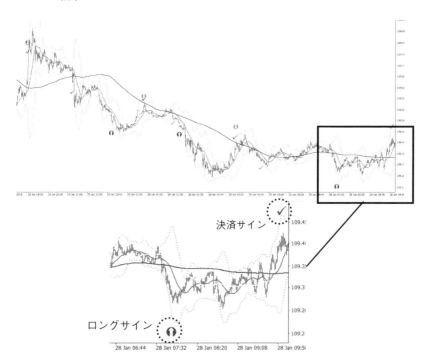

決済サイン

ロングサイン

大きく動かすことがあるので注意が必要です。

　109.42 円〜 109.46 円付近には、レジスタンスの帯が確認できます。下方には 109.27 円のサポート水準があり、ここを割ればさらに下落していきそうだという環境です。

　このような環境下で、ロングサイン（買いサイン）が出ました。このサインでエントリーします。

　損切りの逆指値は、109.27 円より少し下の「109.25 円」に置きます。利益確定の目標は、レジスタンスの帯の手前、つまり「109.42 円」よりも少し下の水準とします。

　結果は、エントリー後に逆行して安値を切りそうになったものの、それから折り返して、無事に利益確定できました。

　もうひとつのケーススタディとして、2020年4月17日のドル円でのトレード例も見ていきます。

　日足を見てみましょう。コロナ・ショックが起こる前までは、長い間、緩やかな動きをしていました。105円〜110円を行ったり来たりして、日々のボラティリティも小さく、レンジになっていました。

　しかし、コロナ・ショックを迎えて、ドル円は112円に急上昇し、返す刀で101円まで急落しました。

　続いて、今度は112円近くまで上がり、それから一気に107円前後まで落ちました。完全にジェットコースター相場でした。

　そんな大荒れの展開が落ち着いた後は、ボラティリティが穏やかになっています。上値は112円、下値は107円ほどのレンジで推移。3月末から4月になって、下値の107円近辺で反発上昇していることが見てとれます（次ページ上段）。

　次に1時間足を見てみましょう（次ページ下段）。上値は切り下げられており、直近では、下落トレンドで推移しています。とはいえ、107円で跳ね返って弱気のフラッグを形成し、その終盤に差し掛かっていると見てとれます。すなわち、再び下落トレンドが始まるのではないかと考えられる状態です。

4－7　ドル円　日足チャート

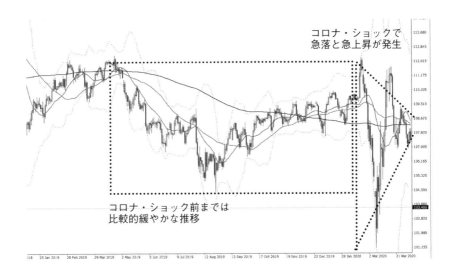

コロナ・ショックで
急落と急上昇が発生

コロナ・ショック前までは
比較的緩やかな推移

4－8　ドル円　1時間足チャート

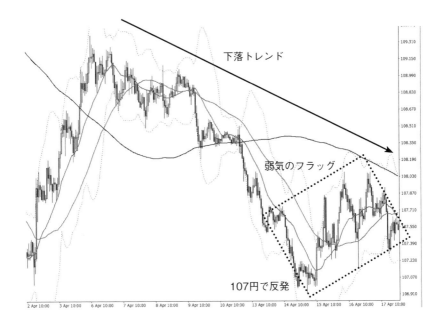

下落トレンド

弱気のフラッグ

107円で反発

15分足では、107.20円〜108.00円のレンジになっています（下図）。そして、108円あたりでダブルトップになっています。下向きの力が強くなっていると考えられます。

　また、107.65円付近のレジスタンスラインを抜けたので、下落トレンドになると考えます。ただ、一気に落ちるのではなく、いったんは同水準まで戻ってから、落ちていくのではないかと推測できます。

4－9　ドル円　15分足チャート

いったん戻ってから下落する動きを見せたとき、１分足でショート（売り）のエントリーサインが出ました（下図）。

　テクニカル分析で補足すると、直前の波動に対して、この水準は50％戻しのポイントでした。このこともショートする根拠となります。

　損切りの逆指値としては、107.95円を目安に置きます。利益確定は、直近安値を目指します。

４－10　ドル円　１分足チャート

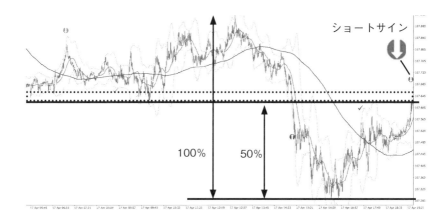

結果は、エントリー後にすぐに下がり、難なく決済となりました。
ここまで下がると、ひとつ前の谷のところまで来ています。そのため、
これ以上落ちにくい可能性が高いと言えます。

4−11　結果

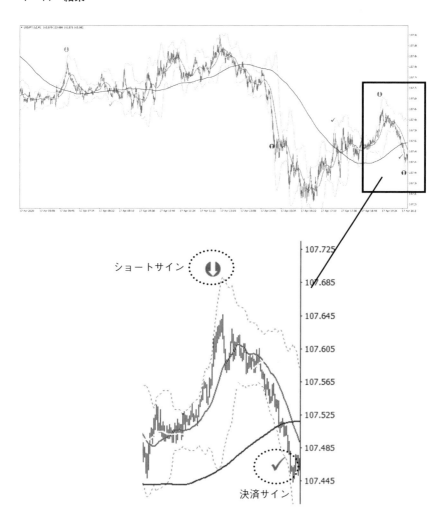

ショートサイン

決済サイン

～第4節～
ケーススタディ③
～ QR 動画で解説～

　この節では、サイントレードの様子を動画で紹介します。

　今回のケースは 2020 年 12 月 8 日のドル円のチャートです。どのような状況になっているのか、まずは日足から見ていくことにします（編集部注：この節の原稿は、動画の話を参考に少し整理したものになります。ご了承ください）。

1）日足

　6 月くらいから、どんどん落ちている（下落している）という状況が見てとれます。このことから、「この先も下方向の力が強いだろう」と考えられます。実際にトレンドラインを引いてみると、下落トレン

ドになっていることがわかります。

2）4時間足

　次に4時間足を見ていきましょう。

　4時間足の12月8日の状況を見ると、「11月くらいからずっと下落傾向にある」ことが見てとれます。

　ただし、今のところ103.5円、もしくは103.6円近辺で下げ止まっています。このラインを下回ると、さらに下落する可能性も出てくることでしょう。

　総合的に判断して、現状では「下落トレンドになっていること」は間違いないかなと思います。

3）1時間足

　次に1時間足を見ていきます。1時間足でも、もちろん、下落傾向が見てとれます。

　ただ、チャートの下側に目を移すと、上昇トレンドも形成されていて、トライアングルの形になってきています。いわゆる「三角持ち合い」の状況になっていることがわかります。

　さらに、移動平均線を見ると、3つの移動平均線が絡み合っていること、つまりレンジ状態になっていることもわかります。

4）15分足

　さらに15分足を見ていきます。

　このレベルまで落ちてくると、レンジ相場になっているように見えます。移動平均線を見ても完全に絡み合っている状態ですので、「逆

張りがかなり有効なのではないか」と考えられる状況になってきています。

5）1分足

　以上の状況を観察したうえで、1分足を見ていきます。

　現在の時刻は、だいたい夜9時です。チャート上では14時になっていますが、これはMT4のサーバー時間です。冬時間のときは、この時刻に「7」を足すと日本時間になります。したがって、今は21時台になっています。

　ここから時間を進めていきます。価格はだんだん上昇しています。強く上がれば「売りのポイントではないか」と考えられます。

　すると、強く上がってきたので、ここで売りのサインが出ました。上位の時間軸の足で見ても完全にレンジ相場になっていますので、安心して売りを入れられる状況だと考えられます。

　ここで実際に売りを入れてポジションを持ちます。ここから少しずつ下落していき、決済のサインが出たら終了というイメージです。

　その後、実際に下がっていって決済のサインが出ました。ここで決済します。11pipsくらいの利益になりました。

章末コラム　Trader Kaibe の格言④

　トレード手法、ロジックは良い面ばかり見て使ってはいけない。

　必ず悪い面も知ること。どんな場面で負けるか。最大ドローダウンはどのくらいか。

　そのことを認識せずに使って、負けが込んだら使わなくなるのは悪手だ。いつまで経っても自分の能力不足に気づかず、ロジックのせいだと勘違いすることになる。

【解説】
　自分が採用する手法には、どういうプラスの面があり、どういうマイナスの面があるのかを、熟知すべきです。特に、負けるときの姿（最大ドローダウン）は、想定しておかなければなりません。

　負け方がわかっていれば、多少の負けでは動じなくなり、行動に一貫性を持たせられます。例えば、「最大ドローダウンを更新しない限り、手法の優位性を疑わない」といった姿勢をとることができます。

　一方、負け方がわかっていなければ、行き当たりばったりの行動にならざるを得ないでしょう。

　トレードに取り組むうえで、この差は非常に大きいです。

第5章

自動売買トレードのススメ

～第1節～
自動売買トレードの考え方

1）利益と損失に対して働く心理

　この章では、「1日の作業時間5分で、年利130%の自動売買トレードを実現する方法」について解説していきます。

　年利130%という数値は、私が2017年9月にEAを開発し、リアル口座で運用した結果、達成できたものです（同年10月から翌年9月までの1年間の成績）。このときの1日の作業時間が5分でした。私にも実現できたことですので、読者の皆さんにとっても、決して不可能な目標ではないと思います。

　裁量トレードでは、継続して勝てるようになるまでのハードルが非常に高いですが、EAなら、そのハードルを簡単に乗り越えられると思います。

　この理由を考慮して、EAトレードを、FXをこれから始める初心者にも、裁量でうまくいっていない初級者にも、お勧めしたいと考えています。

　さて、なぜ、EAならば、初心者でも勝てるようになるのでしょうか？　それは、人間の深層心理と関係しています。

　ここで、利益と損失に対する心理を表す、有名な問題を2つ紹介し

ます。2択の条件のうち、どちらかを選んでもらう問題です。皆さん
も考えてみてください。

<問題1>
どちらを選びますか？

（A）100万円が無条件で手に入ります
（B）50%の確率で、200万円が手に入ります

<問題2>
あなたが今現在、200万円の借金を抱えているとして、どち
らを選びますか？

（A）100万円が減額されて、借金は残り100万円になります
（B）50%の確率で200万円の借金が帳消しになります

さて、どちらの条件を選んだでしょうか？　実は、問題1だと**「100
万円が無条件で手に入ります」**を選び、問題2だと**「50%の確率で
200万円の借金が帳消しになります」**を選ぶ、という傾向が多くの
人に見られます。

　問題1の条件のように、（人間は）目の前に利益があると、その利
益が手に入らないリスクの回避を優先します。つまり、「確実に利益
を確保したい」と考えるのです。

一方、問題２の条件のように、損失を抱えている状態だと、それを回避しようとします。つまり、確実に半分の借金が減るよりも、50%の確率にかけて借金がすべて解消されるほうを選びます。

　これらの行動は、行動経済学の分野で「気質効果」と呼ばれています。プロスペクト理論(不確実性下における意思決定モデルのひとつ)で説明されます。トレードの例にすると、以下のようなイグジットのパターンとなって現れます。

◆早い利確

　少し利益が乗ったら、その利益がなくなってしまうことを心配して、早めに利確してしまう

◆遅い損切り

　損失が出たら、それを受け入れられず、損切りができずに粘ってしまう

　人間の本質的な心理が、そうなっているのです。そして、この早い利確、遅い損切りは、裁量トレードにおいては頻繁に起こります。
　しかし、自動売買トレードだと、気質効果は起こりにくいと言えます。なぜなら、プログラムが所定のルールに従って、自動的にトレードを執行するからです。そこに人間的な感情は介在しません。だからこそ、気質効果を回避、つまり克服できるわけです。

２）サインツールでも気質効果は働く

　裁量トレードと自動売買トレードの間に、サインツールトレードがあります。

サインツールトレードについては、第4章で説明しました。実際に試された方は、所定のルールに従ってトレードすることがどういう意味を持つのか、ある程度は理解されたと思います。

　ご自身で裁量トレードをしたときに早い利確や遅い損切りが多く発生していた場合、サインツールを使うとその頻度が減少したこと（＝サインツールの効果）に気づいたのではないでしょうか。

　ただ、裁量トレードからサインツールトレードに変更したとしても、手動で取引するわけですから、心理状態によっては、（無意識だとしても）どうしても早い利確や遅い損切りが発生してしまう怖れがあります。

　このサインツールトレードでも発生してしまう「気質効果」をなくせるものが、自動売買トレードなのです。

　初心者は損切りができずに、ずるずると含み損拡大を受け入れ、最終的には強制ロスカットに追い込まれてしまう、という失敗に陥りがちです。

　それを回避するためには、自動売買トレードを導入するほうが良いのです。そして、これこそが勝ち組への近道になると考えます。

～第2節～
ＦＸで勝つための条件、３つの「M」

　アレキサンダー・エルダーの名著『投資苑』（パンローリング刊）は、投資で勝つための条件として３つの「M」があると説いています。逆説的にいえば、勝てない人は、これらが満たせていないからだと言えそうです。以下、３つのMを解説します。

●

1）Method（メソッド）

　取引手法のことです。同じやり方で繰り返しトレードしたときに、「理論上、プラスになる」という手法がないと、いくらトレードをしてもプラスになりません。

2）Mind（マインド）

　精神面のコントロールのことです。メンタルと呼ばれることもあります。自分の定めたトレードルールに従ってエントリーおよびイグジットを行うことは、そう簡単ではありません。初級者だけでなく、中級者以上でも悩んでいる人がいます。

3）Money Management（マネーマネジメント）

いわゆる資金管理です。ドローダウン時にトレード資金が不足しないように、トレードロットをコントロールします。

●

裁量トレードで継続的に利益を上げるためには、これら3つの「M」が必要です。

しかし、それぞれ、身につけることは非常に難しいです。さらに、すべて揃っていないと（＝ひとつでも欠けていると）利益が出しにくいです。そして、中級者でさえ、すべてを揃えるのは難しいです。

では、EAトレードだとどうでしょうか？　結論から言うと、すべての「M」が身につきやすいです。ひとつずつ、見ていきましょう。

＜ Method（メソッド）＞

自分でプログラミングしてEAを開発、あるいは、購入する（※）ことで用意できます。

> ※EAには市販のものもあれば、ネット上で無料で入手できるものもあります

＜ Mind（マインド）＞

エントリーもイグジットも自動的に行われるため、人間のメンタルは関係ありません。日常生活で良いことがあっても、悪いことがあっても、その感情がトレードに影響を及ぼすことはないのです。

＜ Money Management（マネーマネジメント）＞

　EA にはバックテストという機能があります。この機能を使えば、実際にトレードを始める前に、「最大ドローダウンがどれくらいになるのか」や、「利益がどれくらいになるのか」をシミュレートできます。その数値を参考にすることで、トレードロットを決めることができます。

　以上のように、３つの M を身につけるには、裁量トレードよりも EA のほうが圧倒的に簡単なのです。必然的に、EA のほうが勝ちやすくなると言えるでしょう。

FX で勝つための条件（3つの M）

①Method（取引手法）

同じやり方で繰り返しトレードしたときに、理論上、プラスになる手法

②Mind（精神面のコントロール）

どんなことがあっても、適切に利益確定、損切りを行う精神力

③MoneyManagement（資金管理）

ドローダウン時にトレード資金が不足しないよう、トレードロットをコントロールすること

継続して利益を出し続けるためには必要だが、3つの M を身に付けるのは非常に難しい。だからこそ、自動売買

①Method（取引手法）　　　　━━▶　**自作、あるいはソフトを購入して入手**

②Mind（精神面のコントロール）━━▶　**自動で利益確定、損切り**

③MoneyManagement（資金管理）━▶　**バックテストでシミュレーション**

自動売買なら、3つの M が身に付きやすい

～第3節～
生活スタイルのアドバンテージ

　EAは、裁量トレードに比べて、生活面においてもアドバンテージがあります。私は、「時間」と「費用」の2つのアドバンテージがあると考えます。

1）時間について

　まず、EAを活用すると、余裕が生まれます。次ページの円グラフは、私がサラリーマンをしていたときの「一日」のスケジュールです。

　その当時は、次のような時間割になっていました。

・6時45分〜8時　　　　　　起床、朝食、相場情報入手、通勤

・8時〜12時　　　　　　　　仕事

・12時〜13時　　　　　　　昼食、EA停止予約

・13時〜18時　　　　　　　仕事、EA動作確認

・19時〜20時30分　　　　　帰宅、夕食

・20時30分〜23時　　　　　趣味の時間

・23時〜24時　　　　　　　入浴、EA動作確認、就寝

　一方、裁量トレードですと、趣味の時間が削られ、トレードの時間の比重がもっと大きくなります。トレードが好きでたまらないという

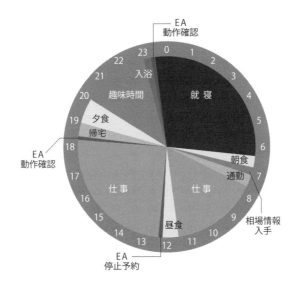

5－1　サラリーマン時の一日のスケジュール

人や、趣味としてトレードに打ち込める人なら、その時間が多いほう
が充実するのでしょうが、多くの人はそうではないと思います。

　トレード以外の趣味に費やす時間や、気晴らしになる時間も必要では
ないでしょうか。その面において、EA は裁量よりもアドバンテージがあると言えます。

2）費用について

　もうひとつのアドバンテージは、「費用（面）」です。EA の場合は、高価なパソコンなどの機材を買い揃える必要がありません。

　次ページに、年利130％を実現した、2017 年〜 2018 年当時の私のトレードルームの画像を載せています。メディアによく取り上げられるトレードルームといえば、たくさんのモニターが並んでいて、さらに高価なハイスペックパソコンが使用されているものですが、私の場

合は安価なノートパソコンを2台置いているだけでした。

　1台はトレード用です。実際にロビンスカップでは上のパソコンを使用しました。もう1台はテスト用です。新しいEAのロジックを検証するなどの用途で使っています。どちらも価格は3万円～4万円ほどです。

5－2　私のトレードルーム（2017年～2018年当時）

トレードに使うパソコンは2台だけ。よくある「トレードルーム」とは違います

～第4節～
世界の自動売買動向

　世界の自動売買の動向は、どのようになっていると思いますか？

　2019年の6月にファイナンスマグネイツという金融ニュースサイトに載った記事によると、「米国市場の取引の85%は自動売買」ということのようです（主に機関投資家の動向。次ページ上段参照）。

　また、2018年のデータですが、世界におけるMeta Trader（MT4とMT5）のシェアは55%とのことでした。このMeta Traderのトレードでは、EAの比率が7割と言われています（主に個人投資家の動向。次ページ下段参照）。

　多少強引ではありますが、それらの数字から計算すると、「世界のFXトレードの4割は、MT4およびMT5のEAで行われている」と推測できます。これが世界の潮流なのです。そうした背景を考えると、EAトレードがまだまだ普及していない日本は、かなり出遅れていると言えそうです。

　ただ、そうなってしまったのには理由があります。FX会社がMT4というプラットフォームを採用するには、ライセンス料が必要とされるからです。その費用を掛けずに、コストをなるべく抑えて良い取引環境を提供しようとなると、必然的に「独自のプラットフォーム」を開発せざるを得なかったのです。

　実際、技術力の高い企業では、顧客のニーズに応じて改善を繰り返

5－3　米国市場の取引の特徴

> Here's a staggering statistic: 85% of trading is now automated in the U.S. That means the vast majority of Wall Street trading operates automatically.
>
> As a result, markets like China, where 95% of trading volumes on exchanges as big as the U.S. are still done manually, are losing out.

（出典）How Automation is Helping China's Traders Compete with the World
https://www.financemagnates.com/thought-leadership/how-automation-is-helping-chinas-traders-compete-with-the-world/

5－4　MT4、MT5の割合

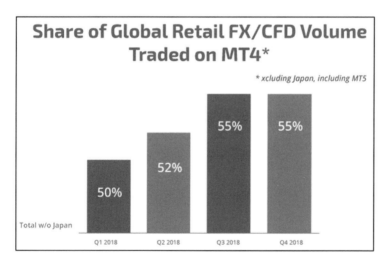

Share of Global Retail FX/CFD Volume Traded on MT4*

* xcluding Japan, including MT5

Total w/o Japan

Q1 2018	Q2 2018	Q3 2018	Q4 2018
50%	52%	55%	55%

（出典）MetaTrader 4 Defies All Odds, Gains Market Share in 2018
https://www.financemagnates.com/forex/technology/metatrader-4-defies-all-odds-gains-market-share-in-2018/

してきた結果、MT4 よりも使い勝手の良いプラットフォームを提供していきました。"携帯電話のガラパゴス化"のように、国内で独自の進化を遂げていったのです。

　とはいえ、世界では自動売買トレードのほうが多数派になっています。この流れに、日本人も乗り遅れてはいけないと思います。もっといえば、「FX には自動売買が必須なのだ」という時代になることを目指すべきだと考えます。最終的に、そのことが投資家にとっても、FX 会社にとっても良いこと（※利益になるなど）になれば、喜ばしい限りです。

~第5節~
ハードル

　EA を始めるにあたってのハードルの高さは、どの程度でしょうか？　これについては、元々、私の専門とする化学の世界における「活性化エネルギー」の性質で喩えられるのではないかと考えています。

　下図は、活性化エネルギーのグラフです。縦軸はエネルギー、横軸は反応の進行を示します。活性化エネルギーとは、複数の物質を混合して新しい物質を生成するときに必要になるエネルギーのことです。

5－5　活性化エネルギー

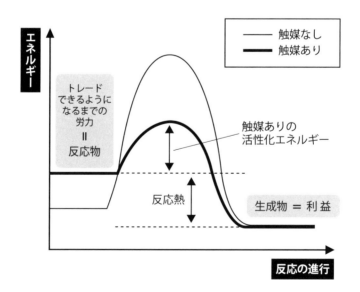

このエネルギーは、触媒を使うことで、大きくなったり小さくなったりします。例えば、触媒がないときは、生成物が生成されるまでに必要なエネルギーが大きくなります。

　一方、触媒があるときは、エネルギーが小さくなります。つまり、後者のほうが、効率よく生成できるわけです。

　これを FX に置き換えてみます。「触媒なし」が裁量トレード、「触媒あり」が自動売買トレードだと考えてみてください。

　「触媒なし」は、最初にトレードを開始するまでの労力が少なくて済みます。その反面、利益が出るようになるまでには、非常に大きなエネルギーが必要になります。

　一方、「触媒あり」は、最初のハードルは高いですが、利益が出せるようになるまでのエネルギーは少なくて済みます。

　つまり、裁量トレードに比べて、自動売買トレードのほうが道中の苦労は少ないと言えるのです。

章末コラム　Trader Kaibe の格言⑤

　トレードルールを守って負けたトレードは、成功トレードである。

　トレードルールを守らずに勝ったトレードは、失敗トレードである。

　勝ったのが正しいんじゃない。

　負けを抑えたのが正しいんじゃない。

　ルールを守ったのが正しい。

　ルールを守れないトレードは、いつか必ず口座の破綻を招く。

【解説】

　売買ルール（手法）に従って、その数学的な期待値を追求するのが、トレードのあるべき姿です。期待値を追求する以上、ルールが絶対的に必要です。これを守るか、守らないかが、トレードの成否を分けます。

　初級者がやりがちなのは、ルール通りに建てたポジションを、自己判断で決済してしまうというルール破りです。これをやめない限り、継続的に勝つことは難しいでしょう。

第6章

自動売買トレード戦略

～第1節～
ＥＡの選定方法

　どんな EA を選べばよいのでしょうか？　ここでは、他者が開発した市販 EA（または無料 EA）から選ぶことを前提に、4 つのポイントを解説していきます。

●

1）ポイント①：トレードロジックに優位性があるか

　第 2 章で解説した、優位性のあるロジックならば、その EA を動かし続けることで、継続的な利益が望めます。

　反対に、優位性を取れないのであれば、利益を出すのは難しいと言えます。

　市販 EA の場合、一般的に「どんなロジックか」を説明していないことや、過剰最適化（カーブフィッティング）となっている可能性もあります。これらの対策については、後述します。

2）ポイント②：自分に合ったトレードか

　スキャルピングやデイトレード、スイングトレードなどのトレードの時間軸について、どれが好みかは人によって異なります。短期決戦

が好きな人もいれば、長期で大きな値幅を取りたいという人もいるでしょう。

また、含み損に対して、過敏に反応してしまう人もいれば、ちょっとやそっとでは動じない人もいるでしょう。

手法の好き嫌いについても、王道の押し目買いや戻り売りが良いのか、ブレイクアウトが良いのかなど、好みが分かれます。

EA を継続的に運用するにあたっては、上記の要素と自分の相性を合わせることが大事だと考えます。実際に EA を運用してみないと、本当の相性を把握することはできませんが、そうはいっても、EA を選ぶ段階で「どんなものなのか」を確認し、自分との相性を想像しておくことは必要です。

3）ポイント③：パフォーマンス内容はどうか

バックテストの結果と、フォワードテストの結果も重要です。

特に、フォワードテストとして、実際に運用しているリアル口座の情報が公開されていると、「過剰最適化されているかどうか」を見抜く材料になります。フォワードテストは、デモ口座でも、リアル口座の運用でも構いませんが、できることならば、現実の約定環境が反映される後者のほうが望ましいです。

バックテストでチェックすべきポイントは、次節で解説します。

4）ポイント④：利用したい FX 会社で使えるかどうか

例えば、スキャルピングの EA は、スプレッド面が重要になります。狭いスプレッドでなければ、良いパフォーマンスが望めないからです。

このように、自分の利用したいFX会社において、EAの取引対象となる通貨ペアのスプレッドが狭いかどうか、事前の確認が必要です。

　盲点となるのが、ポジションを両建てするタイプのEAです。両建てできないFX会社では、このタイプのEAは使用できません。

●

　以上の4つのポイントを確認して、EAを選定してください。その"選定スキル"を磨いていくことが、ひいてはEA運用のパフォーマンス向上につながります。

EAのパフォーマンスを確認するには、さまざまな専門用語を理解しておく必要があります。以下に、覚えておくべき専門用語と解説をまとめます。

1）総取引数

テスト期間内の総取引回数のことです。ちなみに、買いと売りが同じロジックの場合、どちらかに偏りがあるよりも、同じくらいの回数のほうが、好ましいです。

総取引数が多くなるほど、試行回数が増えることになり、理論値に近づいていきます。結果的に、バックテストの信頼度が増します。

2）売りポジション（勝率、%）、買いポジション（勝率、%）

売りポジションは、売りの取引回数とその勝率、買いポジションは、買いの取引回数とその勝率です。

3）勝率（%）、敗率（%）

すべてのトレードに対する、勝ち負けの割合です。一般的に、初心

者は「勝率が高い＝良いEA」と考えがちですが、実はそうではありません。ロジックによって適正な勝率の水準が変わるため、あまり重視すべき要素ではないのです。重視すべきは、勝率そのものよりも、「勝率とリスクリワードのバランスを確認すること」（184ページの「ステップ５」参照）です。

４）期待利得

期間内の純益（通算損益）を、総取引数で割った数値です。１トレードで獲得できるであろう、損益の期待値を表します。トレードの時間軸が短くなると数値は小さくなり、長くなると数値は大きくなります。

スキャルの場合は１〜3pips、デイトレの場合は２〜5pips、スイングの場合は3pips以上が目安です。これらの数値は、裁量トレードの基準で考えると小さく感じられるかもしれませんが、EAではこれくらいの水準が妥当になります。

５）平均勝ちトレード、平均負けトレード

１トレード当たりの平均利益と平均損失です。

６）最大ドローダウン

収益曲線の期間内で、最も大きく資金が落ち込んだ金額と割合です。EAを選ぶ目安として、この割合が「15％以内」だと良いと思います。ただし、ドローダウンへの耐性は、自分の性格や資金量によって変わります。自分が、どの程度のドローダウンに耐えられるかを把握し、それに見合ったロットコントロールをするのが重要です。「DD」と略して表記することもあります。

7）プロフィットファクター

　期間内の総利益が、総損失の何倍かを表します。1.0が損益分岐点で、それよりも数値が小さければ負けていることを、大きければ勝っていることを示します。「PF（以降、PFと表記）」と略して表記することもあります。

　ひとつ、注意点があります。PFの数値が大きすぎる場合、「過剰最適化」が疑われます。したがって、PFの大きなEAを見つけたときには、フォワードテストを確認する必要があると言えます。

　なお、単ポジション保有タイプのEAの場合、1.3〜2.0くらいが適正な目安です。

8）リカバリーファクター

　「純益÷最大DD」で求めます。数値が大きいほど、リスクに対して、見込める利益が大きくなります。2.0以上が、適正な目安です。

　例えば、1年のテスト期間で「2」という数値ならば、1年に2回、最大DDから回復できるという計算になります。すなわち、最大DDから半年で回復できるということを表します。目安としては、1年当たりなら1.0以上です。10年当たりなら10以上です。

9）リスクリワードレシオ

　平均利益が、平均損失の何倍かを表します。数値が大きければ損小利大、小さければ損大利小であることの目安となります。

　投資の世界では一般的に、損小利大が良いと言われますが、最近の研究によると損大利小のほうが利益を残しやすいという報告もあるようです。そのため、一概に損小利大を目指すべきだと言えないことは、

知っておくとよいかもしれません。

　ちなみに、リスクリワードレシオは、勝率の影響を受けます。一般的に、勝率が低ければ損小利大（利確を遅くして、損切りは早くする＝勝率は低くなるが、利益を伸ばすことができる）、勝率が高ければ損大利小（利確を早くして、損切りはずるずる引き延ばす＝勝率は高くなるが、利益は伸ばせない）になります。

　相場の世界には、絶対的に「これが正しい！」というトレード方法はありません。

　正解のない世界で継続的に収益を上げるために重要なのは、自分でトレードする手法を作り出し、その結果に対して正しい評価を下すことです。

　これは、システムトレード第一人者であり、米国ロビンスカップにおいてシステムトレードで3年連続入賞したケビン・J・ダービーが著書『システムトレード　検証と実践』に書き表した言葉です。

　その意図をまとめると、次のようになります。EAを始めるには、次のような順序をたどるのが王道です。

＜EA運用の王道パターン＞

①EAをきちんと選定する

②デモトレードで試す

③リアルトレードへ移行。初期段階では最小ロットで試す

④リアルトレードでロットを上げて運用

⑤運用方針を見直す（パラメーターやポートフォリオを変更）

　このように、まずデモトレードでEAの性能を確かめてから、リア

ル運用に移行し、ロット数を上げていきます。

　最終的に、運用方針を見直しするときのタイミングは、EAのトレード時間軸によって異なります。試行回数として、スキャルピングEAの場合であれば2～3カ月、デイトレードEAであれば4～6カ月、スイングトレードEAであれば半年～1年ほど運用し、評価に値するデータを集めてからが、見直しの目安となります。

　注意したいのは、1～2週間で思うような成績が出なかった場合です。運用を始めてみたものの、スタートからいきなりつまずいてしまったとします。このとき、思うような成績にならないことに焦ってしまうと、せっかちな人の場合、ロットを変えてしまったり、EAを停止してしまったりなど、悪手を選択してしまうことがあります。心情は理解できますが、それでは行動が早すぎます。

　例えば、性能の良いスキャルEAだと、1年当たりのリカバリーファクターが1～3というものが多いです。つまり、資産が減った状態が続く期間として、半年くらいは覚悟しなければなりません。イメージとしては、3カ月掛けてドローダウンし、その分を3カ月かけて戻す、といったところでしょうか。

　もし半年以上も、そのドローダウンから回復しないようであれば、採用し続けるのは難しいと判断できます。ここで初めて、EAを見直す必要があると考えられるのです。

　ただし、そんなに悠長に回復を待てないという意見もあるでしょう。実は、私自身もそんな感覚を持っています。そのため、私はスキャルEAなら3カ月連続でマイナスになった場合には「見直す必要がある」と考えます。

~第4節~

ロット配分と
ポートフォリオの組み方

1）単利運用と複利運用の比較

　EA 運用を始めるときには、「ロットをどれくらいに設定したら良いか」と悩むものです。

　適正なロットを決めるためには、まず自分が許容できる最大 DD がどれくらいかを考えます。

　124 ページと 125 ページは、私が開発した EA のバックテストのデータです。

　前者は、100 万円の資金を、10 万通貨取引に固定して単利運用した結果です。純益は 4,125,200 円、最大 DD（相対 DD）は 15.75％です。

　後者は、100 万円の資金を、10 万通貨取引で始め、資金の増減に応じてロット数を変える複利運用の結果です。純益は 51,483,582 円、最大 DD（相対 DD）は 18.68％です。

　見比べるとわかるように、単利と複利では、損益曲線の形が異なります。ただ、単利でも複利でも最終の目安は似たようなもので、自分の許容できる DD になるように、トレードロットを設定する必要があります。

　私の場合、1 EA（EA をひとつ動かしているという意味）のドローダウンは 15 ～ 20％ 程度、ポートフォリオ全体でのドローダウンは 20 ～ 25％ 程度としています。

6－1　単利運用

Strategy Tester Report
Flashes_v5
OANDA-Japan Practice (Build 1090)

通貨ペア	USDJPY (USD/JPY)			
期間	1分足 (M1) 2009.01.05 00:00 - 2017.10.14 00:30 (2009.01.04 - 2017.10.15)			
モデル	全ティック (利用可能な最小時間枠による最も正確な方法)			
パラメーター	MagicNumber=12345; Lots=1; StopLoss=100; TakeProfit=100; TrailingStop=0; Slippage=3; BUY_Sensitive=340; SELL_Sensitive=350; MaximumRisk=0; WeekendExitHour=22; WeekendExitMinute=0; JPTime=false; EntryStopTime=30; NoEntryTime1=99; NoEntryTime2=99; NoEntryTime3=99; NoEntryTime4=99; NoEntryTime5=99; NoEntryTime6=99; NoEntryTime7=99;			

テストバー数	3199487	モデルティック数	134307283	モデリング品質	25.00%
不整合チャートエラー	0			
初期証拠金	1000000.00		スプレッド	5
純益	4125200.00	総利益	11488500.00	総損失	-7363300.00
プロフィットファクタ	1.56	期待利得	1543.86		
絶対ドローダウン	7700.00	最大ドローダウン	199400.00 (15.75%)	相対ドローダウン	15.75% (199400.00)
総取引数	2672	売りポジション(勝率%)	1377 (70.15%)	買いポジション(勝率%)	1295 (69.27%)
		勝率(%)	1863 (69.72%)	負率 (%)	809 (30.28%)
		最大 勝トレード	75000.00	敗トレード	-100000.00
		平均 勝トレード	6166.67	敗トレード	-9101.73
		最大 連勝(金額)	21 (146200.00)	連敗(金額)	6 (-82500.00)
		最大 連勝(トレード数)	146200.00 (21)	連敗(トレード数)	-127200.00 (4)
		平均 連勝	3	連敗	1

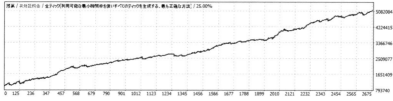

６－２　複利運用

Strategy Tester Report
Flashes_v5
OANDA-Japan Practice (Build 1090)

通貨ペア	USDJPY (USD/JPY)
期間	1分足(M1) 2009.01.05 00:00 - 2017.10.14 00:30 (2009.01.04 - 2017.10.15)
モデル	全ティック (利用可能な最小時間枠による最も正確な方法)
パラメーター	MagicNumber=12345; Lots=0; StopLoss=100; TakeProfit=100; TrailingStop=0; Slippage=3; BUY_Sensitive=340; SELL_Sensitive=350; MaximumRisk=1; WeekendExitHour=22; WeekendExitMinute=0; JPTime=false; EntryStopTime=30; NoEntryTime1=99; NoEntryTime2=99; NoEntryTime3=99; NoEntryTime4=99; NoEntryTime5=99; NoEntryTime6=99; NoEntryTime7=99;

テストバー数	3199487	モデルティック数	134307283 モデリング品質	25.00%
不整合チャートエラー	0			
初期証拠金	1000000.00		スプレッド	5
純益	51483582.00	総利益	148041246.00 総損失	-96557664.00
プロフィットファクタ	1.53	期待利得	19267.81	
絶対ドローダウン	7700.00	最大ドローダウン	8860798.00 (18.07%) 相対ドローダウン	18.68% (240923.00)
総取引数	2672	売りポジション(勝率%)	1377 (70.15%) 買いポジション(勝率%)	1295 (69.27%)
		勝率(%)	1863 (69.72%) 負率 (%)	809 (30.28%)
		最大 勝トレード	1407000.00 敗トレード	-3392000.00
		平均 勝トレード	79463.90 敗トレード	-119354.34
		最大 連勝(金額)	21 (3350956.00) 連敗(金額)	6 (-238337.00)
		最大 連勝(トレード数)	4050036.00 (13) 連敗(トレード数)	-3596551.00 (2)
		平均 連勝	3 連敗	1

125

2）ポートフォリオのポイント

　EA のポートフォリオも頭を悩ませるところです。つまり、「どんな EA を組み合わせれば、より優れた成績が収められるのか」という問題です。

　王道として、「EA 同士の相関性が低いものを選ぶ」という考え方があります。相関性が高い EA でポートフォリオを組むのは、好ましくありません。なぜならば、同じようなタイミングでトレードしてしまうからです。

　仮に、相関性が高い EA ① と EA ②があるとして、それらを同時に起用しても、ロットが分散されてしまうだけです。それならば、EA ①だけを動かしたほうが好ましいと言えます。

　さて、相関性の低いポートフォリオを組むには、どんな点に気をつければ良いでしょうか。ポイントを解説します。

ポイント①：ストラテジーが異なるものを選ぶ

　ストラテジーの種類は、押し目買い、戻り売りをはじめ、ブレイクアウト、朝スキャ、グリッドトレードなどさまざまです。

　このとき、同じストラテジー同士を組み合わせてしまうと、同じようなポイントでトレードしてしまう傾向が出てきます。つまり、同じような負け方をしてしまうのです。これは解消すべき問題です。

　相関性を低くするためには、異なるストラテジーの EA（後述）を組み合わせることです。

ポイント②：異なる通貨ペアを選ぶ

　EA 運用では、メジャー通貨ペアを主軸にすることを推奨します。なぜならば、メジャー以外のマイナー通貨ペアは、スプレッドが広め

で、流動性も低く、取引条件が不利になるからです。また、金融危機など有事が起こったときに、計り知れないリスクに拡大してしまう可能性があります。

　ただ、ポートフォリオを組むときには、少し話が違ってきます。通貨ペアを分散させるほうが好ましいです。主軸に据えるメジャー通貨が決まったら、その合成になる通貨ペアを避けることで、相関性を低減できます。例えば、ひとつ目にユーロドル、2つ目にドルスイスを取引すると決めたら、3つ目としてユーロスイスは避けよう、という考え方が有効です。

ポイント③：異なる時間軸を選ぶ

　スキャル、デイトレ、スイングと、ポジション保有の時間が異なるEAを組み合わせれば、相関性が低くなります。同じ時間軸だと、どうしてもロジックやトレードの性質が似通ってしまうからです。時間軸を変えることで、エントリーやイグジットのタイミング、レートなどを分散することができます。

　以上を考慮して、次のようなポートフォリオの組み方をしてみてはいかがでしょうか。相関性の低い組み合わせを作れると思います。

◎２〜３種類のストラテジーを選ぶ
　例）押し目（戻り目）狙いのストラテジーやブレイクアウト狙いのストラテジー、アノマリーのストラテジーなどを組み合わせる
◎１〜３種類の通貨ペアを選ぶ
　例）メインをドル円とユーロドルにして、サブをポンド円やオージードルにする
◎１〜２種類の時間軸を選ぶ
　例）スキャルとデイトレなど

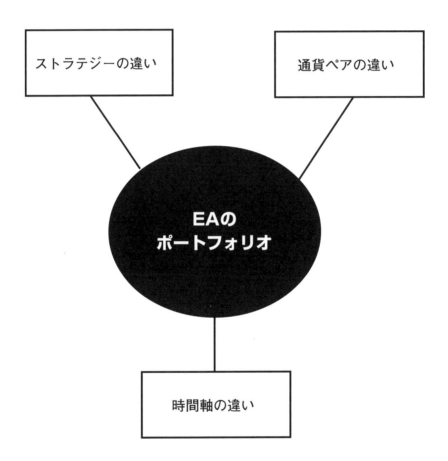

EAのポートフォリオのイメージ

ストラテジーの違い

通貨ペアの違い

EAの
ポートフォリオ

時間軸の違い

ストラテジーや通貨ペア、時間軸などを考慮してポートフォリオを組んでいく

ただし、EAを増やし過ぎると、かえってパフォーマンスが悪くなることもあります。数が多ければ良い、ということでもないのです。

　なお、上級者なら「QuantAnalyzer（クオントアナライザー）」というパソコン用のアプリケーションで、EAの相関分析を行うこともできます（これについては、次節で解説します）。

　ポートフォリオを組んだときにはロット配分に注意します。ロット配分については123ページの考え方をベースに、自身で許容できる最大DDを決め、その後、その範囲内になるようにロットを決めます。

　例えば、単利運用で自身の許容できる最大DDを15〜20%程度とした場合、123ページの例を参考に、100万円の資金を10万通貨で単利運用すると、最大DDが15.75%になります。「その数字がちょうど良いだろう」と決めることができます。

　慣れてきたら、リカバリーファクターを使って決めるのも良いです。

　例えば、ひとつ目のEAのロットを上記の考え方で10万通貨と決めます。

　2つ目のEAのリカバリーファクターの値がひとつ目のEAの0.5倍なら、2つ目のEAのロットは5万通貨となります。

　ただし、リカバリーファクターを算出するバックテスト期間は、ある程度長期にして、かつ、ひとつ目のEAも2つ目のEAも同じ期間にする必要があります。

　また、複数組み合わせたときの運用は、ひとつのEAで運用するよりも最大DDが大きくなる可能性が高いので、137ページで算出したポートフォリオの成績で確認するのがよいです。

　運用した結果、証拠金が増えたのであれば、新たなEAをポートフォリオに組み入れてもよいでしょう。

～第5節～
QuantAnalyzer を使った相関分析

QuantAnalyzer は、EA のバックテスト結果を分析できるアプリケーションです。さまざまな分析ができます。なかでも、最も有用な機能のひとつが、相関分析です。複数の EA でポートフォリオを組んだときに、「それぞれの EA がどれくらい相関性を持つか」を分析できます。

英語版なので、使いこなすには少しハードルは高いですが、非常に便利なツールのため、多くの EA トレーダーに利用されています。

それでは、QuantAnalyzer の具体的な使用の流れを解説します。

1）QuantAnalyzer のインストール

StrategyQuant 社のサイト（https://strategyquant.com/）から、インストーラーを入手し、ご自身のパソコンにインストールしてください（次ページ上段参照）。

2）QuantAnalyzer で相関分析する手順

① QuantAnalyzer を起動
6 − 4 が QA（QuantAnalyzer）の起動時の画面です。

6-3 QuantAnalyzer のインストール

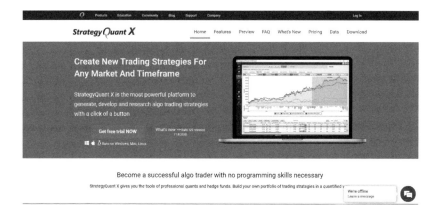

6-4 QA 起動時の画面

② MT4 でバックテストデータを保存（レポートを保存）

QA で EA のバックテストを分析するためには、MT4 でバックテストデータのファイルを作成する必要があります。「ストラテジーテスターウィンドウ」の「結果」タブを選択のうえ、右クリックすると保存できます。

6-5　バックテストデータの保存

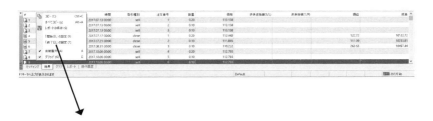

③バックテストファイルの読み込み

　メニューバーの「File」→「Load report」から（あるいは「Load report」ボタンをクリックして）、バックテストデータを読み込みます。

6－6　QA 起動時の画面

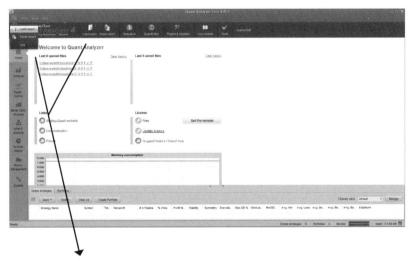

④バックテストデータの読み込みが完了

　純益や PF など、さまざまな項目が確認できます。MT4 のバック
テストのレポートよりも、項目は充実しています。

6－7　バックテストデータの読み込み

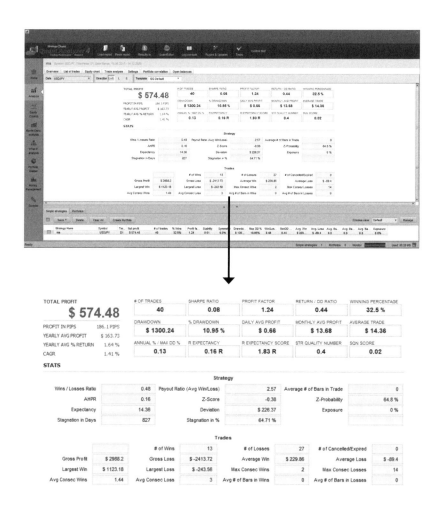

TOTAL PROFIT		# OF TRADES	SHARPE RATIO	PROFIT FACTOR	RETURN / DD RATIO	WINNING PERCENTAGE
$ 574.48		40	0.08	1.24	0.44	32.5 %
PROFIT IN PIPS	186.1 PIPS	DRAWDOWN	% DRAWDOWN	DAILY AVG PROFIT	MONTHLY AVG PROFIT	AVERAGE TRADE
YEARLY AVG PROFIT	$ 163.73	$ 1300.24	10.95 %	$ 0.66	$ 13.68	14.36
YEARLY AVG % RETURN	1.64 %	ANNUAL % / MAX DD %	R EXPECTANCY	R EXPECTANCY SCORE	STR QUALITY NUMBER	SQN SCORE
CAGR	1.41 %	0.13	0.16 R	1.83 R	0.4	0.02

STATS

Strategy

Wins / Losses Ratio	0.48	Payout Ratio (Avg Win/Loss)	2.57	Average # of Bars in Trade	0
AHPR	0.16	Z-Score	-0.38	Z-Probability	64.8 %
Expectancy	14.36	Deviation	$ 226.37	Exposure	0 %
Stagnation in Days	827	Stagnation in %	64.71 %		

Trades

		# of Wins	13	# of Losses	27	# of Cancelled/Expired	0
Gross Profit	$ 2988.2	Gross Loss	$ -2413.72	Average Win	$ 229.86	Average Loss	$ -89.4
Largest Win	$ 1123.18	Largest Loss	$ -243.56	Max Consec Wins	2	Max Consec Losses	14
Avg Consec Wins	1.44	Avg Consec Loss	3	Avg # of Bars in Wins	0	Avg # of Bars in Losses	0

⑤他の EA のバックテストデータを追加

　ここまでの説明と同じ手順で、他の EA のデータも追加できます。
追加された EA は、画面下の枠に並んで表示されます。

6−8　バックテストデータを追加

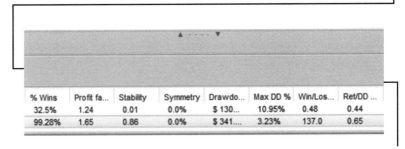

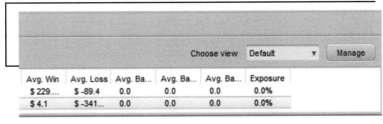

⑥ポートフォリオを作成

　EA名の左にあるボックスにチェックを入れて、「Create Portfolio」
をクリックすると、ポートフォリオが作成されます。

6-9 ポートフォリオ作成

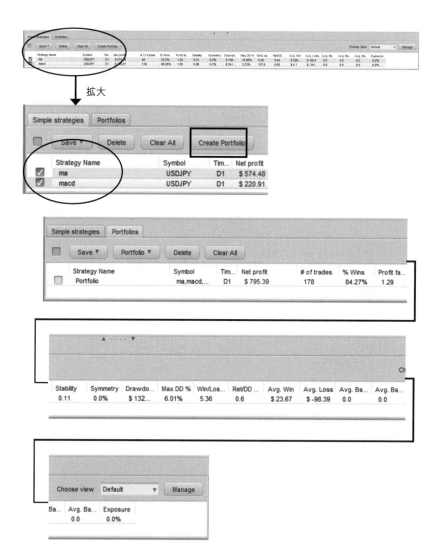

拡大

⑦ポートフォリオの成績を確認

　出来上がった「ポートフォリオ（Portfolio）」の「名前（Strategy Name）」の項目以外の箇所をダブルクリックすると、成績が表示されます。

6－10　ポートフォリオの成績を確認

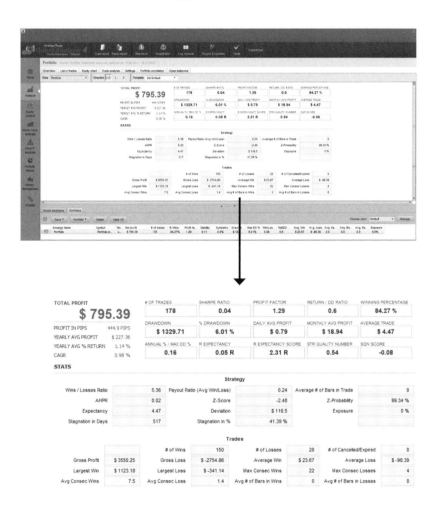

⑧相関性を計算

「Portfolio correlation」タブを選び、「Compute」をクリックすると、相関性が計算されます。

6－11　相関性を計算

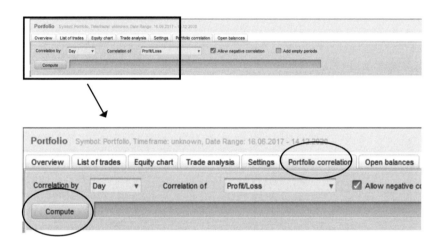

⑨相関性の数字を確認

　EA 名の横に、相関性の数字が表示されます。

6 − 12　相関性の数字を確認

※一部、抜粋

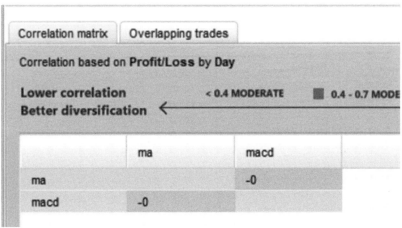

ここで例えば、私が自作したEAを使用して、それを豪ドル円、ユーロドル、ポンド円、ポンドドル、ドル円で運用した場合の相関性を調べました。すると、概ね「0.4」を切る数値になりました。

　「0.4」を切っていれば、相関性が高くないと考えられます。この水準よりも高ければ高いほど、相関性が強くなり、ポートフォリオを組むには不適格だということになります。

◆相関性の数字からわかること
　◎ 0.4 未満：相関性は低い
　◎ 0.4 以上〜 0.7 未満：相関性はやや高い
　◎ 0.7 〜 1.0 以上：相関性は高い

～第6節～
注意すること

　EA の運用をするにあたって、FX 会社が提供するトレード環境の吟味も重要です。スリッページやサーバー、レイテンシー（後述）など、さまざまな要素を含めて、総合的に評価する必要があります。

　見た目上のスプレッドが 0.1pips、0.2pips と狭くても、実際にすべてのトレードがその数値で約定するわけではありません。実際の約定力を加味したスプレッドを重視する必要があるのです。

　以下、注意したいポイントを整理します。

1) スリッページ

　基本的に、FX の注文は、発注したその瞬間に約定することはありません。最速でも 0.1 秒は要すると言われています。なぜならば、パソコンやネットワークを経由して、電子的に注文を処理する時間が掛かるからです。そのタイムラグがあるため、注文したレートと、約定したレートがわずかにズレる、つまり、スリッページが発生する可能性があります。

　スリッページは、良いほうにも悪いほうにも発生する可能性があるのが、一般的です。しかし、必ず対称性があるとは限りません。良いほうに偏る分には問題ありませんが、悪いほうに偏ると、実質的なスプレッドが大きくなってしまいます（＝不利になります）。どう影響

するかは、FX 会社により異なります。

2）サーバー

　FX 会社によって、サーバーを置く場所は異なります。東京やロンドン、ニューヨーク、香港などさまざまです。このサーバーの場所が日本から遠いほど、発注から約定までの時間が掛かってしまいます。

　日本からニューヨークでは 0.2 秒、ロンドンでは約 0.3 秒かかると言われています。例えば、日本在住者が自宅のパソコンで EA を動かしている場合、そのサーバーが海外にあるケースと、国内にあるケースでは、前者が不利になります。

　なお、海外サーバーの FX 会社を使うのであれば、現地の VPS を借りることをお勧めします。約定速度の改善が図れます。

　ちなみに、サクソバンク証券では、上位のプランだと東京サーバー、ニューヨークサーバー、ロンドンサーバーから、任意の口座を選べます。東京サーバーは、東京時間にスプレッドが狭くなる傾向があります。その他のサーバーも同様に、自国市場がオープンしている時間帯にスプレッドが狭くなる傾向があります。

　この他、OANDA Japan も、東京サーバーとニューヨークサーバーの選択肢を用意しています。

　このように、サーバーの選択肢がある場合は、自分の EA をトレードする時間帯に合わせるのがベストです。例えば、欧州時間だけでトレードするロジックの EA ならば、ロンドンサーバーの口座を選ぶ、というイメージです。

　要するに、FX 会社およびサーバー、VPS の選び方によって、有利な環境で運用することができるのです。

3）レイテンシー

約定速度のことです。EA でのトレードにおける発注から約定までの流れを概略的に示します。

まずインターバンクから送られてくるレートを、MT4 がシステム上に反映します。そのレートに基づいて、EA は演算し、「トレード条件を満たした」と判断したら、MT4 に発注を命令。それが FX 会社を介して、インターバンクに送られ、注文が通れば、晴れて約定となります。

この一連の流れに、どうしても最速で約0.1秒はかかるのです。なお、この約定速度は、FX 会社によって異なります。

4）ティック量

1回のレート配信を、1ティックと呼びます。単位時間当たりのティック量が少ないと、レートが非連続的になるという性質があります。"非連続的"とは、例えば100.01 円というレート配信の次に、100.05 円というレートが配信されるような、いきなり数 pips（この例の場合は 4pips）も飛んでしまう動きのことです。

このような非連続的なレート配信になると、EA の本来のパフォーマンスから、どうしても乖離しやすくなってしまいます。というのも、EA はバックテストを検証しながら開発されるからです。バックテストが"非連続的"ではなく、"連続的"なレート配信を前提にしているのであれば、自ずと結果も違ってきます。

このティック量は FX 会社によって、どうしても差が出てしまいます。一般論として、EA トレードは、ある程度ティック量のあるほうが、パフォーマンスが上がりやすいと言えます。

5）VPS

「Virtual Private Server」の略称で、日本語では仮想デスクトップと呼ばれます。EAトレーダーの中には、VPSを利用している人も多いですが、初級者は無理をして真似する必要はありません。以下の条件を満たしていれば、自宅のパソコンでの運用で事足ります。

①環境が整っている

まず、自宅のパソコンの環境として、光回線かつ有線LANがあること。インターネット回線が速くて切れにくいという、最適な環境を確保できているかがポイントです。

②信頼の置けるプロバイダであること

信頼性の低くないプロバイダであることも必須です。現在は少ないですが、回線が不安定なプロバイダがまだ存在している可能性は否定できません。

③24時間稼働できるパソコンの用意

動かしっぱなしにできるパソコンも必要です（EAは、パソコンやMT4が立ち上がっていないと、トレードしてくれません）。

④国内サーバーのFX会社を使うこと

最後に、国内サーバーのFX会社を使っていること。日本国内に住んでいるなら、国内サーバーを選ぶのが好ましいです。欧州時間や米国時間にトレードするのがメインだと、欧州サーバー、もしくは米国サーバーの口座を使うほうがパフォーマンスが上がる可能性もありますが、国内のFX会社で海外サーバーを提供している会社は少ないです。無理をしてまで、海外サーバーの口座を選ぶ必要はありません。

6）バックテスト

　EA の開発では、理想として、存在するすべての期間のデータを用いてバックテストを行い、右肩上がりの収益曲線になることを目指します。

　ただし、2008 年のリーマン・ショックを境に、優位性が変わってしまったロジックがあることには、注意が必要です。

　バックテストに必要なヒストリカルデータは、それを提供する FX 会社によって、中身の詳細が異なっている場合があります。そのため、複数の FX 会社のデータを用いてテストすることを推奨します。

　何社かのヒストリカルデータでテストして、どれでも大差がないような結果が出れば、その EA には優位性があると判断できます（詳しくは 162 〜 171 ページ参照）。

7）過剰最適化

　いわゆるカーブフィッティングです。ロジックにテクニカル指標を数多く取り入れ、そのパラメーターの微調整を繰り返すと、ヒストリカルデータに対して最大利益が出る値の組み合わせを見つけることができます。

　これは、文字通り、過剰に最適化された結果、つまり数学的に最も良い成績になる値の組み合わせを発見したという話であって、相場の本質的な優位性を探し当てたことになりません。

　この過剰最適化は、EA を開発するうえで、陥りやすい問題です。バックテスト上では優秀なパフォーマンスが出せても、実際の運用を始めたらまったく利益が出ない、ということになりがちなのです。

　市販 EA には、バックテストだけ成績が良くて、フォワードテスト

の結果は悪いというものが多く存在します。それらのほとんどが、この問題に起因しています。

　過剰最適化を防ぐためには、ロジックに使うテクニカル指標を極力少なくすることです。加えて、重要なパラメーターを一定の範囲で変えても、結果にばらつきが生じないように設計することがポイントになります。

8）フォワードテスト

　フォワードテストの目的は、次の2つに大別されます。

◎第一に、EAが正常に動くかどうかを確認すること
◎第二に、過剰最適化していないかを確認すること

　これらの確認をせずに、いきなり実戦投入した場合には、問題が発生して大きな損失を被る可能性があります。そうならないためには、前述の通り、デモトレードで試したり、実際に小ロットで運用したり、慎重に始めることです。それが最善策になります。

　ちなみに、FX会社によっては、トレードのロット数が大きくなると、スリッページや約定率が悪くなる場合もあります。そうしたリアルなスペックは、自分が本番で行う投資資金で確認せざるを得ません。

9）ウォークフォワード分析

　応用として、ウォークフォワード分析という方法を紹介します。これは、過剰最適化の検証を擬似的に行うものです（一方、スリッページなどの検証には使えません）。

　例えば10年前から1年前までのヒストリカルデータでバックテス

トをして、EAを開発します。それができたら、次に1年前から現在までのヒストリカルデータを、擬似的な未来の値動きと仮定して、テストします。

　そのバックテストと、擬似フォワードテストに大差がなければ合格です。「実際の運用でも、同じパフォーマンスが得られるだろう」と推測できます。

～第7節～
過剰最適化の罠

1）バックテストとフォワードテストに差異が生じるか？

　過剰最適化の検証について、例を提示してみましょう。

　次ページの上段のチャートは、とあるEAをバックテストにかけた結果です（2009年～2018年）。ご覧の通り、右肩上がりの損益曲線になっています。この推移を見れば、「よし、これは良いEAだ」と判断できます。

　そこで、例えば、このEAを2019年から実際にトレードしたとします。ところが、開始してからしばらくすると、次ページの下段のチャートのように右肩下がりになってしまいました。この様子を見ると、過剰最適化の疑惑が出てきます。

　つまり、「2009年～2018年のヒストリカルデータに合わせすぎた結果、2019年以降には通用しなくなってしまったのではないか」という疑いが出てきているのです。

　実際に使うEAとして採用するには、「バックテストだけで判断してはいけない」という話の根拠です。

　では、過剰最適化ではないEAを選ぶには、どうしたらよいでしょうか。自分で作ったEAの場合はロジックがわかっているわけですから、過剰最適化になっていないかどうかは、すぐ判断できます。

６－13　バックテストデータ

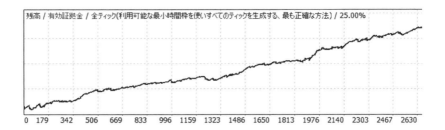

残高 / 有効証拠金 / 全ティック(利用可能な最小時間枠を使いすべてのティックを生成する、最も正確な方法) / 25.00%

0　179　342　506　669　833　996　1159　1323　1486　1650　1813　1976　2140　2303　2467　2630

６－14　過剰最適化されているＥＡのフォワードテスト

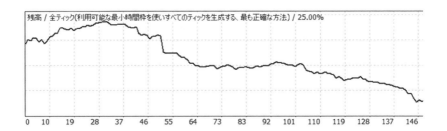

残高 / 全ティック(利用可能な最小時間枠を使いすべてのティックを生成する、最も正確な方法) / 25.00%

0　10　19　28　37　46　55　64　73　83　92　101　110　119　128　137　146

しかし、他人が作ったＥＡのロジックはわかりません。したがって、バックテストなどから判断せざるを得なくなります。

　例えば、2009年から2018年までの過去10年間、右肩上がりになっているロジックで、2019年のウォークフォワード分析、または、ウォークフォワード分析の代わりになるフォワードテストをして右肩上がりになっていることを確認したとします。

　このようなロジックなら、過剰最適化になっていない可能性が高いということです。これは、2008年から2017年までをバックテストして、2018年のウォークフォワード分析を行うという形式でも構いません。

　とある期間でバックテストデータが公開されているＥＡの場合、その他の期間でバックテストしたときにも右肩上がりになっているかどうかを判断します。その結果、問題ないことがわかれば、過剰最適化になっていないだろう、と推測できます。

６－15　過剰最適化されていないＥＡのフォワードテスト

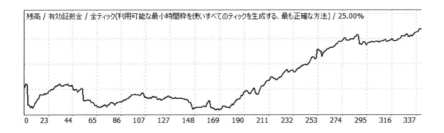

2）パラメーターを変更してチェックする方法

　続いて、もうひとつ、カーブフィッティングを避ける方法を説明します。それは EA のパラメーターを変化させて確認する方法です。

　ここで説明に用いるのは、ロビンスカップ準優勝の EA をユーロドルに対応させ、若干の改良を加えたものです。この EA には Sensitive（センシティブ）という、トレンドを判定するパラメーターを入れています。このパラメーターを大きく変えるとどうなるか、検証してみましょう。

　デフォルト設定は、Sensitive = 420 です。これを 320 に下げたり、520 に上げたりした結果が、151 ページ〜 152 ページの画像です。パラメーターを大きく振ることにより、それぞれのトレード回数に「1000」もの差が生まれました。その一方で、注目すべきは PF です。ほとんど差がありません。

　パラメーターの変更によって、トレード回数に大きな差が生じても、PF などの根幹となる成績が同等でした。ということは、過剰最適化ではなく、ロジックが優位性を持っている証だと言えます。

6 - 16　パラメーター 320

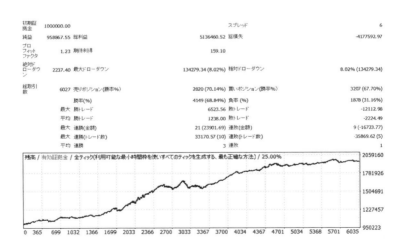

6-17　パラメーター420

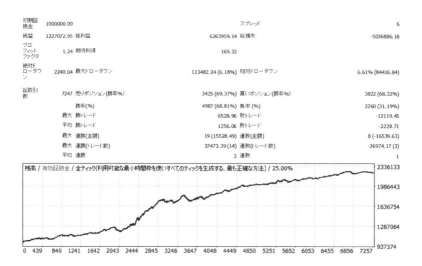

初期証拠金	1000000.00		スプレッド		6
純益	1227072.95	総利益	6263959.14	総損失	-5036886.18
プロフィットファクタ	1.24	期待利得	169.32		
絶対ドローダウン	2240.04	最大ドローダウン	113482.24 (6.18%)	相対ドローダウン	6.61% (84416.84)
総取引数	7247	売りポジション(勝率%)	3425 (69.37%)	買いポジション(勝率%)	3822 (68.32%)
		勝率(%)	4987 (68.81%)	負率(%)	2260 (31.19%)
		最大 勝トレード	6528.96	敗トレード	-12119.45
		平均 勝トレード	1256.06	敗トレード	-2228.71
		最大 連勝(金額)	19 (15528.49)	連敗(金額)	8 (-16539.63)
		最大 連勝(トレード数)	37473.39 (14)	連敗(トレード数)	-26974.17 (3)
		平均 連勝	3	連敗	1

6-18　パラメーター520

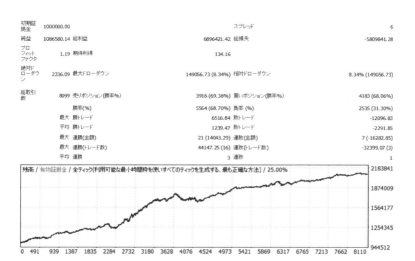

初期証拠金	1000000.00		スプレッド		6
純益	1086580.14	総利益	6896421.42	総損失	-5809841.28
プロフィットファクタ	1.19	期待利得	134.16		
絶対ドローダウン	2236.09	最大ドローダウン	149056.73 (8.34%)	相対ドローダウン	8.34% (149056.73)
総取引数	8099	売りポジション(勝率%)	3916 (69.38%)	買いポジション(勝率%)	4183 (68.06%)
		勝率(%)	5564 (68.70%)	負率(%)	2535 (31.30%)
		最大 勝トレード	6516.84	敗トレード	-12096.83
		平均 勝トレード	1239.47	敗トレード	-2291.85
		最大 連勝(金額)	21 (14043.29)	連敗(金額)	7 (-16282.85)
		最大 連勝(トレード数)	44147.25 (16)	連敗(トレード数)	-32399.07 (3)
		平均 連勝	3	連敗	1

152

3）テストを繰り返して検証

　参考までに、過剰最適化を避ける開発方法を紹介します。ウォークフォワード分析の考えを応用した方法です。基本のロジックができたら、次の工程で開発を進めます。

①直近1〜2年の期間（例えば、2019年〜2020年）で好成績が残せるかを確認
②その期間を含まない、より長い5〜10年の期間（例えば、2010年〜2018年）でテストし、パラメーターを調整
③調整後のEAを、再び直近1〜2年（この例の場合ならば、2019年〜2020年）のデータで確認
④その期間を含まない、より長い5〜10年の期間（この例の場合ならば、2010年〜2018年）でテストし、パラメーターを調整
⑤以降、③と④を繰り返す

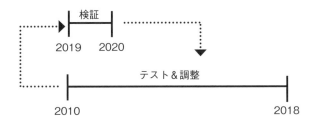

　その繰り返しのテストを経て、最も成績が良いパラメーターを選ぶ……、ということにならないのが「ポイント」です。**選ぶべきは、短期テストと長期テストにおいて、同程度の結果になるものです。**これが、過剰最適化を避ける開発方法です。自分でEAを開発するときには、ぜひ試してください。

~第8節~

応用

1）動かし続けるべきか、止めるべきか

　EA は、動かし続けるべきか、適時、裁量判断で止めるべきか？
この問題は、たびたび論争になることがあります。

　どちらが良いのかと問われれば、私は「適時、止めるほうがよい」
と答えます。「ロジックにもよる」という前提に立ちますが、EA を
止める理由は、以下の2つのメリットがあるためです。

メリット①：ドローダウンを減らせる可能性がある

　国内の市販 EA のロジックで、利益が出しやすいものの多くは、ト
レンドフォローの「押し目買い」「戻り売り」をするものです。それらは、
トレンドを追いかける性質上、相場が反転したり、大荒れしたときに
弱いです。

　そのような相場になる可能性が高いときは、EA の稼働を停止する
ことで、大きな負けを減らすことができます。EA を適時止めること
によって大きなドローダウンを回避できるようになると、ロットをか
けて運用できるようになります。要するに、パフォーマンスの向上を
期待できるのです。

メリット②：EA の動作確認が習慣づけられる

　EA は、回線不通や認証エラー（市販 EA はアカウントに紐付けられるタイプがあり、その場合は認証されることで稼働可能となります）、VPS の障害が起こると、動作が止まってしまいます。それに気づかず、ほったらかしにしていると、いくつかの不都合が起こります。

　最も避けたいのは、ポジション保有時に EA の動作が止まってしまうことです。そうなると、本来行われるべきタイミングで決済が行われず、（逆行していた場合は）保有したままになっているポジションの損失が拡大してしまう怖れがあるのです。

　私自身、この失敗を体験したことがあります。以来、再発を防ぐべく、定期的に EA の動作を確認するようになりました。朝一番と昼、夕方、就寝前に、ルーティーンとして、ＥＡを確認するようにしています。

　完全放置したままで最高のパフォーマンスを得られるほど、（ＥＡは）便利なわけではありません。ある程度、目にかけて世話をする（＝適時オンオフする）ことで、パフォーマンスが向上するものだと、私は考えています。

2）EA を停止するタイミング

　それでは、EA を止めるタイミングをどのように判断すればよいのでしょうか。その基準を解説します。

EA 停止の判断基準①：VIX（恐怖）指数を確認

　VIX 指数はボラティリティ・インデックスの略称です。シカゴ・オプション取引所（CBOE）が公表する指標で、米国株価指数 S&P500 の変動幅をもとに算出します。

　「将来の変動が大きくなりそうだ」と相場参加者が考えると VIX は高くなり、「将来の変動が小さくなりそうだ」と相場参加者が考える

と低くなる性質があります。言い換えると、「相場参加者の心理状態(恐怖状態)がどうなっているか」を推し量ることができます。

　数値が20以上あるいは25以上になっている場合は、一般的に、相場が荒れる可能性が高いと言われています。この場合には、EAを止めるか、ロットを落として様子見するのが良策です。

EA停止の判断基準②：重要な経済指標発表や、要人発言を避ける

　経済指標や要人発言のスケジュールは、Yahoo!ファイナンスで確認できます。表に示された★が3つのイベントは、相場に与える影響が大きいと考えられます。したがって、そのときはEA稼働を控える必要があると思います。

6-19　Yahoo!ファイナンス

（出典）Yahoo!ファイナンス　経済指標

例えば、米国の指標はドルに関わるので、ドル円、ユーロドル、ポンドドルの EA であれば、すべて止めるのが好ましいです。同様に、英国の指標なら、ポンド系の EA を止めます。

　多くの投資の教科書には、「分散投資をしましょう」と書いてあります。しかし、その分散投資は、適度なら良いのですが、行きすぎは悪手です。

　EA運用でいえば、多くのEAでポートフォリオを組んで分散することが「正しい」とは限りません。分散数は、証拠金が少なければ2～3種類のEA、証拠金が多ければ7～8種類のEAが目安です。なぜなら、以下のような3つの重大な欠陥が考えられるからです。

1）分散投資の欠陥①：意味のあるトレードにならない

　EAの数を多くすると、そのときの相場に対して、パフォーマンスが高いものも低いものも混ざり、結果として総合的なパフォーマンスが低くなってしまうことが起こり得ます。

　分散投資の恩恵として、確かにリスクを低減できます。しかし、リスクを分散するよりも、パフォーマンスが良いEAにもっとリスクを背負わせて、大きなリターンを狙うほうがよいのではないでしょうか。

　私たちが求めるのは、小さなドローダウンに抑えることではありません。満足いくリターンを得ることです。

　年利数十パーセントか、それ以上の高い成績を狙うならば、パフォーマンスが高いEAをできるだけ集めて、少数精鋭にするほうが良策だ

と考えます。

2）分散投資の欠陥②：利益と損失が相殺されてしまう

　多くのEAを動かすと、良くも悪くも、成績が平均化されてしまいます。相場と相性の良いEAが勝っても、相性の悪いEAが損失を出し、相殺されてしまうのです。すると、スプレッドが積み重なって、コスト負けしてしまいます。

　そうならないためには、EAの数を絞り、なるべく少ないトレードで、大きな利益を取りに行くほうがよいでしょう。

3）分散投資の欠陥③：トレード管理コストが膨大になる

　数多くのEAを動かすと、管理が煩雑になります。MT4やVPSが複数個必要になるでしょう。EAの設置、設定、ロット配分など、あらゆる面で大変な時間と労力を要します。

EA は「同じロジックでトレードし続ける、不変のもの」です。

一方、相場は生きものであり、今日までと明日からでは、傾向が変わる可能性があります。

そのため、今日まで優位性のあった EA のロジックであったとしても、「明日以降も優位性を保っている」とは言えません。

EA でも、裁量トレードでも、「同じロジックが未来永劫通用するとは限らない」と考えて、相場に取り組むべきです。その前提や覚悟がないと、何か不都合があったときに、理性的な撤退の決断が下せません。

それでは、いつ、どんなタイミングで、ロジックが使えなくなったと判断するべきでしょうか。撤退目安は、大きく2つあります。

1) 長期バックテストでの最大ドローダウンを大幅に上回ったとき

私は、「長期バックテストでの最大ドローダウンを大幅に上回ったとき」には撤退を考えます。

バックテストの期間は、10年以上を推奨します。というのは、良い相場、悪い相場が、概ね10年で一巡するからです。

仮に、その10年以上のバックテストで最大 DD が10％だったと

します。このとき、フォワードテストでそれ（この場合は最大ＤＤ
10％）を更新する水準になってしまったら、撤退の目安と判断します。

２）期間内（リカバリーファクターから算出）に回復できなかったとき

　もうひとつ、「リカバリーファクターから算出される期間中に、回
復できなかった場合」も撤退を考えます。

　例えば、バックテストでは6カ月で回復していたのに、フォワー
ドテストでは7カ月経っても回復できないことになったら、EAがパ
フォーマンスを発揮していないと判断できます。

　以上の2点が、標準的なEAの撤退目安です。

~第 11 節~
まとめ

ここまでの話を、以下、簡単にまとめておきます。

1）EA 選定方法のポイント

ポイント①：トレードロジックに優位性があるか
ポイント②：自分に合ったトレードか
ポイント③：パフォーマンス内容
ポイント④：利用したい FX 会社で使えるかどうか

2）用語を知ること

①総取引数
②売りポジション（勝率、%）、買いポジション（勝率、%）
③勝率（%）、敗率（%）、
④期待利得
⑤平均勝ちトレード、平均負けトレード
⑥最大ドローダウン
⑦プロフィットファクター
⑧リカバリーファクター
⑨リスクリワードレシオ

3）EA 運用の王道パターンを知ること

①EA をきちんと選定する

②デモトレードで試す

③リアルトレードへ移行。初期段階では最小ロットで試す

④リアルトレードでロットを上げて運用

⑤運用方針を見直す（パラメーターやポートフォリオを変更）

4）単利運用と複利運用について知ること

5）EA ポートフォリオの組み方のポイント

ポイント①：異なるストラテジー

ポイント②：異なる通貨ペア

ポイント③：異なる時間軸

※2〜3ストラテジー×1〜3通貨ペア×1〜2時間軸のイメージ。
　証拠金が少なければ3〜4種類の EA でも十分

6）EA 運用の「注意点」を知ること

①スリッページ

②サーバー

③レイテンシー

④ティック量

⑤VPS

⑥バックテスト

⑦過剰最適化

⑧フォワードテスト

⑨ウォークフォワードテスト

7）過剰最適化（カーブフィッティング）について理解しておくこと

①対応策その１：ウォークフォワードテスト

②対応策その２：パラメーターを変更してチェックする

8）EA の応用的な使い方を知ること

①ドローダウンを減らすことができる

②EA を停止するタイミングがわかる

9）分散投資のデメリットについて知ること

①意味のあるトレードにならない

②利益と損失が相殺されてしまう

③トレード管理コストが膨大になる

10）撤退の目安について理解しておくこと

①長期バックテストでの最大ドローダウンを大幅に上回ったとき

②期間内（リカバリーファクターから算出）に回復できなかったとき

◆おまけ動画

　FXの自動売買の概要について、私のソフトを使って解説した公開動画があります。こちらも併せてご覧ください。

コラム：ヒストリカルデータの取得と MT4 へのインポート

　長期間のバックテストを行うためには、各 FX 会社が初期
搭載しているヒストリカルデータだけでは不十分な場合があ
ります。ここでは、長期間のヒストリカルデータを取得する
一例として、FXDD（海外の FX 会社）のサイトからデータ
を入手し、さらに MT4 にインポートする手順を解説します。

① FXDD のサイトへアクセス

　検索エンジンまたは下記 URL から FXDD のサイトへアク
セスします。トップページの上部にある「お役立ち情報」に
マウスカーソルを合わせると展開するメニューから、「市場
情報」にマウスカーソルを合わせ、その中から「MT 4　1
分足データ」をクリックします。

https://www.fxddtrading.com/bm/jp

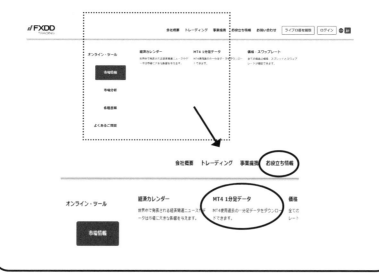

②任意の通貨ペアを選択しヒストリカルデータをダウンロード

ダウンロードしたい通貨ペア名を右クリックし、デスクトップなどわかりやすい場所にファイルを保存します（この例ではGBP/USDをダウンロードしたものとして解説します）。

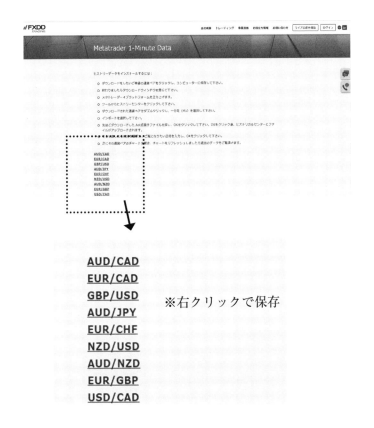

③ .zip を解凍し「.hst」ファイルを取得

デスクトップに保存した「GBPUSD.zip」を解凍すると、「GBPUSD.hst」というファイルが取得できます。

④ MT4にインポート　～オプション設定を呼び出す～

　MT4を起動し、メニューバーの「ツール」から「オプション」を選びます。

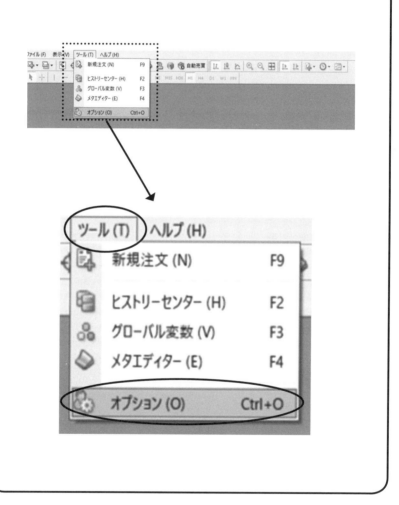

⑤最大バー数を変更

　「オプション」の設定において、「チャート」のタブを選び、「ヒストリー内の最大バー数」と「チャートの最大バー数」を「9999999999（10桁）」にして「OK」を押します。

⑥数字が「2147483647」になったかを確認

　再度、同手順で「オプション」の設定画面を開き、先ほど
設定した箇所の数字が「2147483647」に変わっていることを
確認して「OK」を押します。

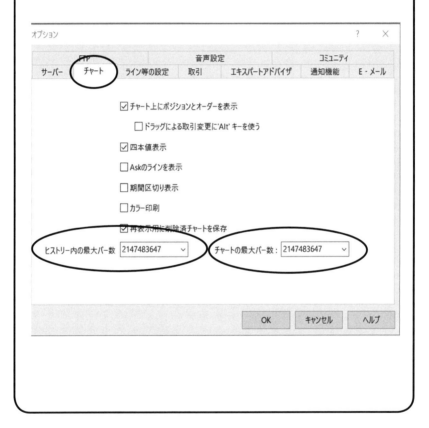

⑦ 「ヒストリーセンター」を呼び出す

　次に、メニューバーの「ツール」から「ヒストリーセンター」
を選びます。

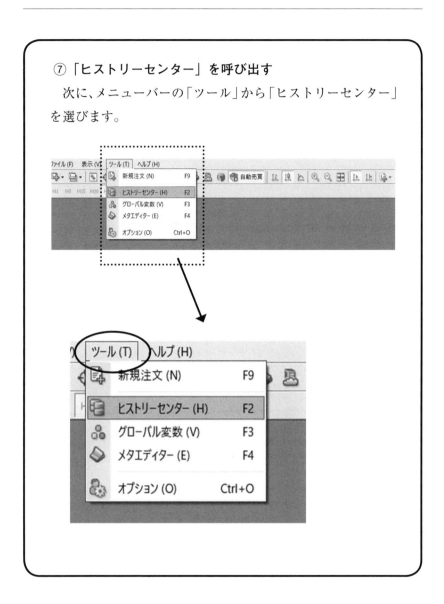

⑧ヒストリカルデータを取得した通貨ペアの1分足を選ぶ

　「ヒストリーセンター」の設定画面で、ヒストリカルデータを読み込む通貨ペア名をダブルクリックし、さらに「1分足（M1）」をダブルクリックします。

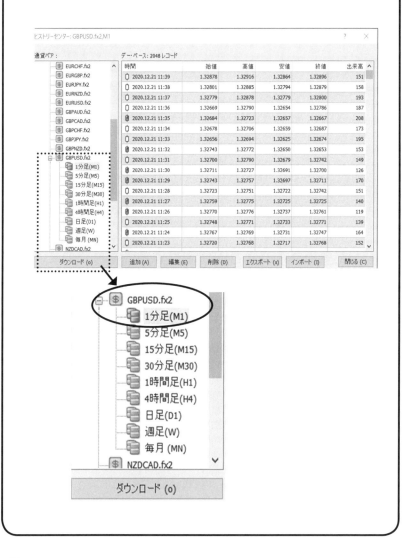

⑨初期搭載のデータを削除

ここで呼び出した1分足データをすべて削除します。一番
上の行をクリックして選択状態になったら、右側のスライ
ダーを下まで動かし、Shift キーを押しながら一番下の行を
クリックすると、すべてのデータが選択状態になります。そ
の後に「削除」を押します。

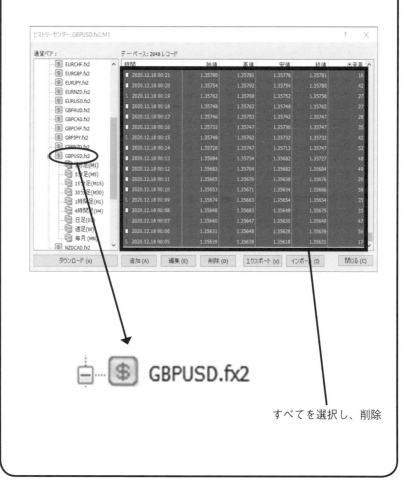

すべてを選択し、削除

⑩「.hst」ファイルを参照してインポート

　データ欄が空になったら、「インポート」をクリックします。その後に開いた画面で「参照…（B)」をクリックし、前の手順で取得した「GBPUSD.hst」を選択し（※ 今回の例の場合）、「OK」を押します。

⑪インポート完了

　先ほど空にしたデータ欄に、ヒストリカルデータがインポートされました。MT4を再起動することで、このデータを取得したチャートを呼び出すことができます。

　なお、FXDDがサイト上で提供しているヒストリカルデータは、基本的に2005年からのデータです。必ずしも最新データとは限りません。

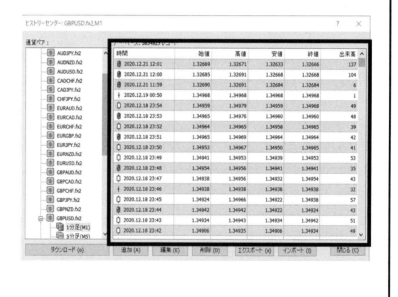

適度に勝って、適度に負けること。

　これが、FX トレードの真髄のひとつだ。

　必ず勝とうとするから、大きな損失につながるのである。

　取り返そうとするから、損切りができなくなるのである。

　適度に負けることができれば、利益も残るようになってくる。

【解説】

　相場では、勝つことだけが正義ではありません。大事なのは、上手に負けることなのです。

　実社会や人間関係でも、うまく負けるスキルが備わっている人は、備わっていない人よりも、ストレスに縛られることなく生きているように感じられます。過ぎ去った結果に執着することなく、切り替えて明日に向かうという精神は、トレードにおいても有効でしょう。

　トレードでは 100 戦 100 勝はできません。ルール通りに負けたのなら、それは必要経費です。あっけらかんと、負ければよいのです。

第7章

自動売買プログラム (EA) の紹介

～第1節～
私のＥＡの紹介

　私がロビンスカップで使用した EA は、ダウ理論を使ったロジックを採用しています。

　エントリーとイグジットのルールの骨子は単純です。買いの場合は、上昇トレンドが波を描いてサポートラインまで押してきて、さらに割り込んだところをエントリーポイントとしています。そして、前回高値の少し前でイグジットします。

　押し目からさらに割り込んだところでエントリーする理由は、**「押し目でぴったり反転することが少ないから」**です。

　さらに、**「押し目よりさらに割り込んだ＝買いの取引では有利なレートになったから」**という理由も大きいです。できるだけ安いレートで仕掛けるようにすることで、利幅を少しでも大きくする工夫をしています。

　このEA は、長期間のバックテストで、右肩上がりの収益曲線になることを確認しています。その証拠として、ロビンスカップで使用したドル円版と、その改良版であるユーロドル版のバックテスト結果を掲載します（180 ページ参照）。

　それぞれのプロフィットファクターは「1.56」と「1.29」です。ユーロドル版のほうが、数値は少し劣ります。

　一方、総取引数で見ると、ユーロドル版はドル円版の倍になります。

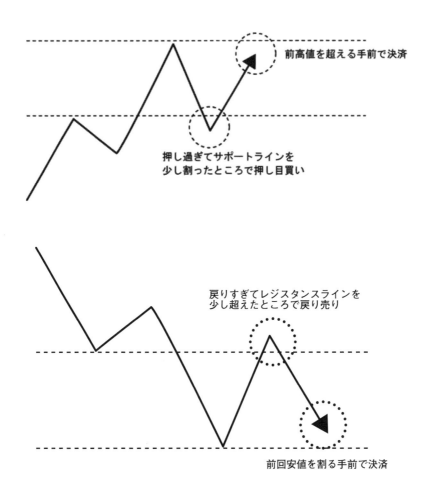

前高値を超える手前で決済

押し過ぎてサポートラインを
少し割ったところで押し目買い

戻りすぎてレジスタンスラインを
少し超えたところで戻り売り

前回安値を割る手前で決済

ベースはダウ理論。買いであれば、押し過ぎたところでエント
リーし、前回高値の手前で決済する。売りであれば、戻り過ぎ
たところでエントリーし、前回安値の手前で決済する

179

7-2 ドル円版のバックテスト結果

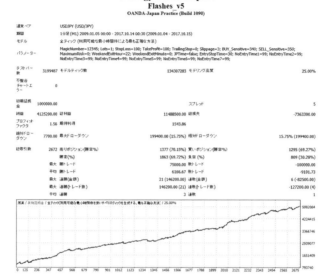

7-3 ユーロドル版のバックテスト結果

ユーロドル版はトレード回数が多いタイプですので、 1回当たりの
ロットを少なめにする運用が合っています。

　私は実際に、これらのＥＡを3年以上運用しています。2017年10
月から2018年9月の間では、利益率は約130％を達成し、さらに、「月
単位でマイナスがない」という申し分のない成績が出せました。

初心者向けのＥＡの選定方法

　原稿執筆現在（2021年1月）、EAを自分で開発できる人は、そう多くはありません。

　その代わり、まずは他人が開発した市販EAから試してみたいという需要があると思います。そこで、「どういうEAを選べばよいのか」という、選定のポイントを紹介します。

　以下の5点を押さえれば、たとえ初心者であっても、大きな失敗はしないでしょう。

ステップ1：トレードロジックが、ある程度説明されていること

　市販EAでは、ほとんどの場合、ロジックは非公開です（公開すると、ロジックのアイデアを盗まれてしまうため）。とはいえ、可能な範囲で公開してくれているものも、いくつかあります。

　そのロジックに、相場の優位性を狙おうという意図が感じられれば、少なくとも開発者が利益を出そうと努力したことがわかります。例えば、私がロビンスカップで使用したEAでは、第1節で説明したようにダウ理論を使った押し目買い（戻り売り）のロジックを採り入れています。

　このように、合理的なロジックの説明があるかどうかを確認しましょう。

逆に、その意図が感じられず、あまりにもきれいな収益曲線を描いているようならば、「過剰最適化により生み出されたものかもしれない」という疑念の目で確認する必要があります。

ステップ２：「ナンピンマーチン」のロジックを選ばない

ナンピンとマーチンゲールを組み合わせた、通称「ナンピンマーチン」というロジックのEAがあります。ナンピンとは、「ポジションを買い建てたとして、その後、レートが逆行したときには買い下がって建玉を増し、平均取得単価を引き下げること」を指します。

一方のマーチンゲールとは、レート逆行時、次にエントリーするロット数を２倍、それでも逆行したときには次にエントリーするロットを４倍、さらに、それでも逆行したときには次にエントリーするロットを８倍……というように、「エントリーするごとにロット数を倍々にしていくルールで運用すること」を指します。

これらを組み合わせることで、レート逆行時は含み損に耐えながら建玉を増し、順行したときに一気に利益を得るという仕組みができます。特徴は"ほとんど負けない"ことです。

一見、優秀な戦略のように見えますが、"ほとんど負けない"代償として、"いつかは破綻する"性質を兼ね備えています。一方通行の相場に出くわしたときには、ロスカットに追い込まれてしまうのです。

以上を考えると、ナンピンマーチンを初心者が扱うのは難しいと言えます。あえて強い言葉を使うと、「高確率で破綻する最悪のロジック」だと考えます。

ステップ３：勝率だけで選ばない

勝率が高くても、損大利小になる設計だと、安定して稼ぐことは難

しいです。コツコツと積み上げた利益を、1回の損切りで吹き飛ばしてしまうようなタイプのEAは、実は、数多く存在します。平均利益と平均損失のバランスを確認して、どんな勝ち方、どんな負け方をするのか、イメージしておく必要があります。例えば、平均利益が5pips、平均損失が10pipsのとき、1トレードで20pipsの利益となるトレードがあったら、その後のトレードでは利益が小さくなる傾向だと思ったほうがよいです。

ステップ4：長期間のフォワードテストが公開されていること

重要なのは、実際のトレード結果が公開されているかどうかです。少なくとも3カ月、できれば半年以上のフォワードテストが公開されていれば、バックテストとの比較に用いることができます。開発者の自信の表れでもあります。

ステップ5：優秀さを簡易的に判断する公式に当てはめてみる

参考までに、以下の公式に数字を当てはめ、比較することで、EAが優秀かどうかを簡易的に判断できます。

「勝率×平均利益」と「敗率×平均損失」を比較

前者が後者を大きく上回っていれば、優秀だと言えます。

特別コラム：どの EA から始めるべきか？

　まだ EA を使ったことがない人にとっては、まず「どこで EA を手に入れるべきか」がわからないと思います。

　ここについては、実は簡単です。「FX　EA　販売」などで検索すると、EA 販売サイトが表示されます。そこに紹介されている EA の中から興味のあるものを調べればよいでしょう。

　難しいのは、EA 販売サイトで紹介されているものの中から実際に自分で選んで購入するときです。表面上はどれも優秀な EA に見えるでしょうから、「どれを選ぶべきか」、かなり迷うと思います。そのときは、本書で紹介したポイントを参考にしてください。

　ただ、あまりにも成績の良い EA などは、過剰最適化している可能性もゼロではありません。ここは、フォワードテストを参考にするなど、慎重に行動していただければと思います。

　もしも、迷っている方がいるならば、手前味噌にはなりますが、私が実際に使っている「quasar（クエーサー）」から始めることをお勧めします（次ページの QR コード参照）。

　「quasar」は、先述したように、ロビンスカップで準優勝を果たした EA です。実績は申し分ありません。もちろん、過剰最適化などもしておりません。

　この EA を使いながら「EA とはどういうものか」を理解

したうえで、興味があれば、ほかのEAも使ってみるという流れが一番リスクの低いやり方ではないかと、私は考えます。

ドル円版　　　　　　　ユーロドル版

※上記QRコードではうまく表示されない場合は、「トレーダーズショップ（https://www.tradersshop.com）」で「クエーサー」と検索してください。

　FX では、相関性の低いロジックを組み合わせることだ。これがパフォーマンスを最大化する。

　裁量トレードが順張りだから、EA トレードは逆張りロジックのものにする。

　裁量トレードがドル円だから、EA トレードはユーロドルのものにする。

　こんな考え方でも構わない。ドローダウンが、なるべく重ならないようにすればよい。

【解説】

　EA 運用のポートフォリオの鍵は、いかに相関性を低くするかです。ロジックや通貨ペアを分散し、同時に負ける（DD が重なる）ことを回避します。

　例えば、サッカー。点取り屋ばかりを集めても、そのチームは良い成績を残せないでしょう。それよりも、ゲームメイクするタイプや堅守に努めるタイプ、俊足で駆け回るタイプなど、特長の異なる才能を持つ選手を集めたほうが、"チーム力"は上がるものです。

MT4 での EA、
インジケーターの設置方法

～第1節～
ＥＡの設置方法

　MT4でEAを動かすためには、MT4の所定のフォルダにEAのファイルを格納し、さらにトレードする通貨ペアのチャートに設置する必要があります。ここでは、このEAの設置方法について、解説します。

1）EAのファイルを所定のフォルダに格納

メニューバーの「ファイル」→「データフォルダを開く」→「MQL4」→「Experts」の順に開いたフォルダの中にEAのファイルを入れます。

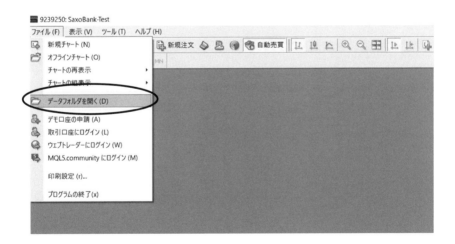

ザー > Owner > AppData > Roaming > MetaQuotes > Terminal > 88A7C6C356B9D73AC70BD2040F0D9829 >

名前	更新日時	種類	サイズ
config	2020/11/02 0:09	ファイル フォルダー	
history	2018/12/26 11:24	ファイル フォルダー	
logs	2020/11/15 1:00	ファイル フォルダー	
MQL4	2020/11/02 0:09	ファイル フォルダー	
profiles	2019/04/20 0:59	ファイル フォルダー	
templates	2020/06/05 10:51	ファイル フォルダー	
tester	2019/11/03 14:54	ファイル フォルダー	
origin.txt	2018/12/26 11:23	テキスト ドキュメント	1 KB

ner > AppData > Roaming > MetaQuotes > Terminal > 88A7C6C356B9D73AC70BD2040F0D9829 > MQL4 >

名前	更新日時	種類	サイズ
Experts	2020/09/11 13:40	ファイル フォルダー	
Files	2018/12/26 11:23	ファイル フォルダー	
Images	2018/12/26 11:23	ファイル フォルダー	
Include	2018/12/26 11:23	ファイル フォルダー	
Indicators	2020/08/01 4:45	ファイル フォルダー	
Libraries	2020/08/01 4:45	ファイル フォルダー	
Logs	2020/11/15 1:00	ファイル フォルダー	
Presets	2018/12/26 11:23	ファイル フォルダー	
Projects	2018/12/26 11:23	ファイル フォルダー	
Scripts	2020/08/01 4:45	ファイル フォルダー	
Shared Projects	2020/11/02 0:09	ファイル フォルダー	

名前	更新日時	種類
MACD Sample.ex4	2020/12/14 16:16	EX4 ファイル
MACD Sample	2020/12/14 16:16	MQL4 Source
Moving Average.ex4	2020/12/14 16:16	EX4 ファイル
Moving Average	2020/12/14 16:16	MQL4 Source
mqlcache	2020/12/14 16:16	DAT ファイル

2）MT4 を更新（または再起動）

　ナビゲーターウィンドウの「エキスパートアドバイザ」を右クリックし、「更新」を選択すると、上記手順でフォルダに入れた EA が、ナビゲーター内に読み込まれます。この他、MT4 を再起動することでも、同様の効果があります。

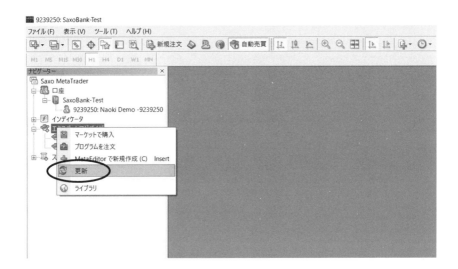

3）「自動売買」ボタンをオンにする

　「自動売買」ボタンをオンにします。

4）EA のファイルをチャート上にドラッグ & ドロップ

トレードを行うチャートに、EA のファイル（この例では「MACD Sample」）をドラッグ & ドロップします。

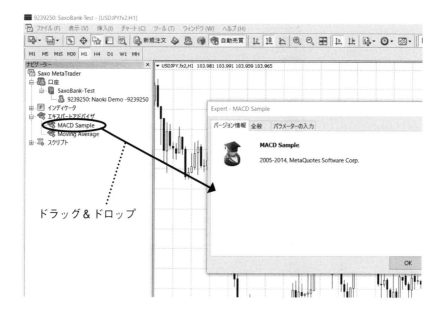

このときに展開するダイアログで「全般」タブを選び、「自動売買を許可する」にチェックを入れて「OK」をクリックします。

　すると、チャート画面右上に、EAの名称と、顔のマークが表示されます。EAが正しく設置できた場合は、顔のマークが「笑顔」になります。設置がうまくいっていないときは、この顔のマークは「しかめっ面」になります。

◆笑顔

MACD Sample ☺

ＥＡの名前が入ります

◆しかめっ面

MACD Sample ☹

ＥＡの名前が入ります

～第2節～
インジケーターの設置方法

　EA の場合と同様、MT4 に標準搭載されていないインジケーターを動かすためには、所定のフォルダにインジケーターのファイル（プログラム）を格納する必要があります。ここでは、このインジケーターの格納方法と、チャートへの設置の仕方を解説します。

1）インジケーターのファイルを所定のフォルダに格納

　メニューバーの「ファイル」→「データフォルダを開く」→「MQL4」→「Indicators」の順にフォルダを開き、そこにインジケーターのファイルを入れます。

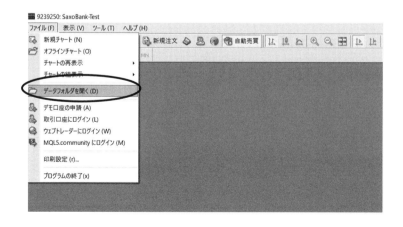

ザー > Owner > AppData > Roaming > MetaQuotes > Terminal > 88A7C6C356B9D73AC70BD2040F0D9829 >

名前	更新日時	種類	サイズ
config	2020/11/02 0:09	ファイル フォルダー	
history	2018/12/26 11:24	ファイル フォルダー	
logs	2020/11/15 1:00	ファイル フォルダー	
MQL4	2020/11/02 0:09	ファイル フォルダー	
profiles	2019/04/20 0:59	ファイル フォルダー	
templates	2020/06/05 10:51	ファイル フォルダー	
tester	2019/11/03 14:54	ファイル フォルダー	
origin.txt	2018/12/26 11:23	テキスト ドキュメント	1 KB

ner > AppData > Roaming > MetaQuotes > Terminal > 88A7C6C356B9D73AC70BD2040F0D9829 > MQL4 >

名前	更新日時	種類	サイズ
Experts	2020/09/11 13:40	ファイル フォルダー	
Files	2018/12/26 11:23	ファイル フォルダー	
Images	2018/12/26 11:23	ファイル フォルダー	
Include	2018/12/26 11:23	ファイル フォルダー	
Indicators	2020/08/01 4:45	ファイル フォルダー	
Libraries	2020/08/01 4:45	ファイル フォルダー	
Logs	2020/11/15 1:00	ファイル フォルダー	
Presets	2018/12/26 11:23	ファイル フォルダー	
Projects	2018/12/26 11:23	ファイル フォルダー	
Scripts	2020/08/01 4:45	ファイル フォルダー	
Shared Projects	2020/11/02 0:09	ファイル フォルダー	

名前	更新日時	種類
Examples	2020/02/18 19:28	ファイル フォルダ
Accelerator.ex4	2020/12/14 16:16	EX4 ファイル
Accelerator	2020/12/14 16:16	MQL4 Source
Accumulation.ex4	2020/12/14 16:16	EX4 ファイル
Accumulation	2020/12/14 16:16	MQL4 Source
Alligator.ex4	2020/12/14 16:16	EX4 ファイル

２）MT4 を更新（または再起動）

　ナビゲーターウィンドウの「インディケータ」を右クリックし、「更新」を選択すると、上記手順でフォルダに入れたインジケーターが、ナビゲーター内に読み込まれます。この他、MT4 を再起動することでも、同様の効果があります。

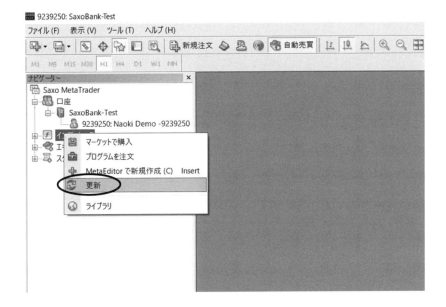

3）インジケーターのファイルをチャート上にドラッグ＆ドロップ

インジケーターのファイル（この例では「ＡＴＲ」）をチャート上にドラッグ＆ドロップすると、ダイアログが開かれます。

ドラッグ＆ドロップ

そこで、パラメーターなどを変更できます。設定を決めて「OK」を押すと、チャート上にインジケーターが描画されます。

あとがき

　2021年1月、このあとがきを書き始めたときにちょうど、東京に2回目の緊急事態宣言が発出されました。世の中は新型コロナ騒動でいっぱいです。パンデミックですから、当然とも言えます。

　アメリカでは、数十万人というとんでもない数の死者が出て、ヨーロッパでは、何回ロックダウンしても感染者がなかなか減っていかない状況。ワクチンは完成しましたが、それが行き渡るにはまだまだ時間がかかりそうです。

　加えて、変異種も多く出てきています。今のワクチンでは対応できない可能性もあります。一難去ってまた一難、いや、一難去らずにまた一難、というべき状況でしょう。

　日本国内でも後追いのように、状況は日々悪化しています。第一波に比べて第二波は大きく、そして第三波はさらに大きく、収束の兆しを見せていません。大都市ではすでに医療崩壊が始まっています。最悪の事態の幕開けとも言えるでしょう。

　人類は未曽有の危機に見舞われています。こんな中で、投資にうつつを抜かすなんて……。旧態依然とした考えをお持ちの方なら、そう思うかもしれません。

　しかし、こんな状況だからこそ、投資への扉を開ける必要があるのです。

　このパンデミックは世界を変えてしまいました。私たちの日常も変

えてしまいました。

これまでの考え方は、もはや通用しません。何が正しいのか、何が間違っているのか。自分自身で決めていかなければ、自分の命すら危ういのです。

終身雇用制度は揺らぎ、これからはもっと流動的な労働市場になるでしょう。自身の価値を世に示すことができなければ、食い扶持も稼げないような時代が、すぐそこに来ています。

そうなる前に、自分の稼ぎの壺を、複数持っておくのです。それがこれから先、生き残るための秘訣となります。

今、会社員をされている方であれば、稼ぎの壺をひとつ、すでに手にしています。

そこに、「投資」という稼ぎの壺を加えます。そうすれば、万が一、会社員の壺が壊れても、何とか生きていけるかもしれません。

しかし、会社員以外の壺がなければ、会社員の壺が壊れた段階で、ジ・エンドです。

あるいは、投資以外に、何か副業を始めてもよいかもしれません。あなたの本職が翻訳関係なら、そのスキルを活かして翻訳を請け負う副業ができます。本職が SE なら、プログラミングの外部委託を請け負えるかもしれません。

このようにして、会社員の壺以外にも、投資やスキルを活かした副業など、複数の壺を用意しておけば、万が一の状況にも備えることができます。

もちろん、良い話ばかりではありません。投資には、元本がマイナスになるというリスクがあります。

また、副業の場合、スキルがないと始める段階に至るまでに時間がかかります。

ただ、これらのデメリットを踏まえたとしても、「本業以外にもう
ひとつ」と考えならば、誰にでも始められる「投資」という選択がよ
いのではないでしょうか。

　そして、本業を持っているのであれば、なるべく手放しでできる
もの、なおかつ、経費や手数料等も抑えられ、自分の経験にもなる、
FX自動売買がお勧めだろう。私は、そのように考えています。

　この本を手に取っていただいた方の多くは、その意見に賛同いた
だけるのではないかと思っています。ぜひとも、「FX自動売買の道」
にこれから進んでいただき、投資の壺を磨いていただければと思いま
す。

　辛い世情ではありますが、そんな状況の中でも皆さんが生き抜くた
めの手段のひとつとなることを願って。

2021年1月　Trader Kaibe

◆著者紹介

Trader Kaibe

　年商７兆円以上を誇る超巨大企業にて、国家機密級の研究開発職を長年務めたのち、フィンテック企業経営者に転身。

　ＦＸトレード歴は14年。過去最高利益率は９カ月で6300％、25万円を1600万円にした。

　世界一有名なＦＸトレード大会『ロビンスカップ』にて、ＦＸトレードの経験と本職の研究開発ノウハウと持ち前の発想力を生かして作った自作自動売買だけで準優勝。

　投資雑誌掲載、ラジオ日経出演、証券会社講演、投資戦略EXPO登壇など、各種メディアでＦＸ自動売買の良さを発信中。

　ロビンスカップにて使用した自動売買は３年以上経っても右肩上がりの成績を継続している。その後に作り上げた自動売買も良好な成績を収めている。

　自動売買の良さを広く知ってもらうため、作った自動売買の多くは一般の方でも購入可能にしており、これまで3000名以上もの方が利用している。

　認定テクニカルアナリストの資格を所有。MENSA（メンサ）会員でIQ162。

Twitter：@K_FLASHES
YouTube：Trader Kaibe の投資研究所（※『Kaibe』で検索）
公式 LINE：@kaibe

Twitter の QR コード

YouTube チャンネル
の QR コード

公式 LINE の QR コード

2021 年 3 月 4 日　初版第 1 刷発行

現代の錬金術師シリーズ　⑯

IQ162のMENSA会員が教える

FX自動売買の基礎と実践
──1日5分で年利130％を実現するためのトレード戦略

著　者　Trader Kaibe
発行者　後藤康徳
発行所　パンローリング株式会社
　　　　〒 160-0023　東京都新宿区西新宿 7-9-18　6 階
　　　　TEL 03-5386-7391　FAX 03-5386-7393
　　　　http://www.panrolling.com/
　　　　E-mail　info@panrolling.com
装　丁　パンローリング装丁室
組　版　パンローリング制作室
印刷・製本　株式会社シナノ

ISBN978-4-7759-9177-0

勝てない原因はトレード手法ではなかった

ＦＸで勝つための資金管理の技術

著者：伊藤彰洋 鹿子木健

定価 本体1,800円＋税　ISBN:9784775991701

「聖杯」のような絶対に勝てる手法はこの世に存在しませんが、あえて言うなら資金管理こそ聖杯です。この機会に、資金管理という技術を究めてはいかがでしょうか？

勝てない原因はトレード手法ではなかった

ＦＸで成功するための「勝ちパターン」理論

著者：鹿子木健 伊藤彰洋

定価 本体1,800円＋税　ISBN:9784775991749

勝てない原因はトレード手法ではなかった。ボリンジャーバンドを使った、すぐに真似できる2つのトレード奥義を伝授。

三位一体のＦＸトレード理論

著者：坂井秀人

定価 本体1,800円＋税　ISBN:9784775991534

手法の発見、手法の証明、手法の稼働。この3つの一連の作業がトレードである。あなたが「発見」し、「稼働」させている手法は、正しいと「証明」されているか？

ＦＸトレード会社設立運営のノウハウ 改訂版

著者：柴崎照久

定価 本体2,800円＋税　ISBN:9784775991381

勝ち残るトレーダーは利益を得る能力に優れているだけでなく「利益を残す知恵」にも長けている。復興特別税などの情報を更新した改訂版。

投資_{トレード}のやり方はひとつではない。

投資のやり方はひとつではない。

"百人百色"のやり方がある！

凄腕の投資家たちが
赤裸々に語ってくれた、
投資のやり方や考え方とは
いかに……。

好評発売中

本書では、100人の投資家_{トレーダー}が教えてくれた、
トレードアイデアを紹介しています。
みなさんの投資_{トレード}にお役立てください!!

百人百色の投資法

シリーズ全5巻

投資家100人が教えてくれたトレードアイデア集　JACK著　各定価：本体 1,200円+税